*Veja bem por onde anda, e os seus passos serão seguros.
Não se desvie nem para a direita nem para a esquerda;
afaste os seus pés da maldade.*

Provérbios 4.26-27

As Novas Dimensões do Princípio da Soberania

VALTER SHUENQUENER DE ARAÚJO

AS NOVAS DIMENSÕES DO PRINCÍPIO DA SOBERANIA

Obra atualizada até 10 de maio de 2016

Patrocínio

Niterói, RJ
2016

 © 2016, Editora Impetus Ltda.

Editora Impetus Ltda.
Rua Alexandre Moura, 51 – Gragoatá – Niterói – RJ
CEP: 24210-200 – Telefax: (21) 2621-7007

Projeto Gráfico: Editora Impetus Ltda.
Editoração Eletrônica: Editora Impetus Ltda.
Capa: Editora Impetus Ltda.
Revisão de Português: Carmem Becker
Impressão e encadernação: PSI7 – Printing Solutions e Internet 7 S.A.

A663n

    Araújo, Valter Shuenquener de.
    Novas dimensões do princípio da soberania / Valter Shuenquener de Araújo. – Niterói, RJ : Impetus, 2016.
    216 p ; 14 x 21 cm.

    Inclui bibliografia.

    ISBN 978-85-7626-895-6

    1. Soberania. 2. Direito – Brasil. I. Título.

                                       CDD- 320.15

O autor é seu professor; respeite-o: não faça cópia ilegal.
TODOS OS DIREITOS RESERVADOS – É proibida a reprodução, salvo pequenos trechos, mencionando-se a fonte. A violação dos direitos autorais (Lei nº 9.610/1998) é crime (art. 184 do Código Penal). Depósito legal na Biblioteca Nacional, conforme Decreto nº 1.825, de 20/12/1907.

A **Editora Impetus** informa que quaisquer vícios do produto concernentes aos conceitos doutrinários, às concepções ideológicas, às referências, à originalidade e à atualização da obra são de total responsabilidade do autor/atualizador.

www.impetus.com.br

A soberania nacional é a coisa mais bela do mundo, com a condição de ser soberania e de ser nacional.
(Machado de Assis)[1]

---

1 ASSIS, Machado de. *História de quinze dias*. Disponível em: <http://www.cce.ufsc.br/~nupill/literatura /quinze.html.>. Acesso em: 17 mar. 2003.

Dedico este singelo trabalho a meus pais Ana Regina e Valter, pelo incontido amor e irrestrita dedicação que, por vezes inadvertidamente, sempre tiveram comigo e com a minha formação; a meus irmãos Rafael e Luís Guilherme (Guiga), a quem agradeço pelo eterno companheirismo, e, sobretudo, à Camila, que me nutre de amor, energia e inspiração desde 7 de maio de 1994.

A publicação desta obra é, por sua vez, integralmente dedicada à minha filha Olívia, que encanta por onde passa.

Agradecimentos

Primeiramente, agradeço a Deus e a São Judas Tadeu pela proteção e por tudo que tenho nesta vida.

Agradecer é, ao mesmo tempo, tarefa prazerosa e difícil. Prazenteira porque nos faz lembrar com alegria daqueles que contribuíram, de alguma forma, para o desenvolvimento do trabalho. Árdua porque não é simples identificar todos os que ajudaram. Mesmo ciente das agruras, diante da possibilidade de injustas exclusões, correrei o risco de fazer alguns agradecimentos pessoais, que, devo adiantar, não os tenho como *numerus clausus*.

Professor Paulo Braga Galvão, com quem aprendo Direito Constitucional desde os bancos da graduação na Faculdade de Direito da Uerj, muito obrigado! Sua atenção, gentileza, cordialidade, seriedade e, sobretudo, suas lições e recomendações foram fundamentais para que este modesto trabalho evoluísse. Sua orientação foi indispensável não somente para o desenvolvimento do texto, mas também para o meu amadurecimento acadêmico. Para sempre lhe serei grato.

Professor Luís Roberto Barroso, exemplo de homem dedicado e inteligente, obrigado pelas primorosas sugestões para o trabalho externadas no Exame de Qualificação! Aproveitei todas elas. Aqui devo registrar que somente tornei-me aluno do Professor Barroso no Mestrado da Uerj e, por obrigação moral, que fiquei impressionado com a seriedade que ele trata a sua disciplina Interpretação da Constituição a despeito de todos seus intensos compromissos na vida pública. Tal fato entusiasma todos os seus alunos, e eu próprio senti isto, o que acaba elevando às alturas o nível do curso. Obrigado por servir de exemplo a ser seguido e pela oportunidade de convivência.

Ao saudoso Professor Celso Duvivier de Albuquerque Mello, Titular de Direito Internacional Público da Uerj, intelectual brasileiro de peso e de memória impressionante, devo agradecer pelas recomendações de leitura e pelo encorajamento para o enfrentamento do tema *soberania*.

Manifesto minha profunda gratidão ao corpo docente do Mestrado em Direito Público da Uerj, especialmente ao Prof. Ricardo Lobo Torres, Prof. Vicente Barreto, Prof.ª Nádia de Araújo, Prof.ª Glória Percinoto e Prof. Vanderley Martins, pessoas com quem tive a oportunidade de muito aprender.

Às bibliotecárias do Tribunal de Justiça e à equipe da biblioteca da Procuradoria-Geral do Estado chefiada, na época em que as pesquisas ocorreram, pela D.ra Lúcia, meus sinceros agradecimentos pela paciência e pelo pronto atendimento.

A todos os amigos que, de alguma forma, contribuíram e ofereceram sugestões para o enriquecimento do trabalho.

Terei saudades do Mestrado da Faculdade de Direito da Uerj, período em que convivi com pessoas extremamente qualificadas e brilhantes. Aos colegas do Mestrado, obrigado.

Agradeço profundamente à Fundação Escola Superior do Ministério Público do Distrito Federal e Territórios (FESMPDFT), nas pessoas do seu Diretor-Geral, Dr. Nardel Lucas da Silva, e da Coordenadora-Geral, Linda Figueiredo, pela concessão de incentivo para a impressão desta obra, o qual decorreu de criteriosa análise feita com base em edital publicado para tanto.

Encerro agradecendo aos meus familiares e, especialmente, à minha esposa Camila, por tudo que me proporcionam e peço desculpas por todos os momentos de ausência nesta vida tão corrida.

Valter Shuenquener de Araújo

O Autor

Valter Shuenquener de Araújo

- Conselheiro do Conselho Nacional do Ministério Público (mandato de 11/2015 a 11/2017)
- Juiz Federal Titular
- Professor Adjunto da UERJ
- Professor da EMERJ
- Professor Palestrante do IBP – Instituto Brasileiro do Petróleo
- Doutor em Direito Público pela UERJ
- Doutorado Sanduíche pela Ruprecht-Karls Universität Heidelberg – Alemanha
- Mestre em Direito Público pela UERJ
- *Kurzzeitstudium* (KZS) pela Ruprecht-Karls Universität Heidelberg – Alemanha
- Ex-Juiz Auxiliar e Instrutor do Gabinete do Ministro Luiz Fux no Supremo Tribunal Federal
- Ex-Juiz Auxiliar do Gabinete do Ministro Luiz Fux no Tribunal Superior Eleitoral
- Ex-Coordenador da Comissão de Direito Administrativo da EMARF do TRF da 2ª Região
- Ex-Procurador do Estado do Rio de Janeiro
- Ex-Procurador Federal
- Ex-Advogado da Petrobras Distribuidora S/A

PREFÁCIO

Tema polêmico e de longa data amplamente debatido na doutrina juspublicista, constitucional e internacional, bem assim pela Ciência Política, a soberania representa, nos dias de hoje, um enorme desafio para quem pretenda abordá-la sem recair em mais um trabalho limitado a repertoriar as inúmeras correntes de pensamento desenvolvidas sobre o assunto.

Ademais, em tempos de mundialização ou globalização, há uma clara tendência à relativização do conceito de soberania, motivo por que se torna ainda mais instigante a empreitada.

Pois foi esse o tema escolhido por Valter Shuenquener de Araújo para a sua dissertação de mestrado em Direito Público, no que logrou completo êxito, não apenas pela titulação acadêmica brilhantemente alcançada, mas também pela realização de um cuidadoso estudo sobre as novas dimensões do princípio da soberania.

O livro ora publicado revela, de um lado, o domínio que o seu autor possui dos diferentes aspectos históricos e filosóficos que a discussão a respeito da matéria envolve, assim como expõe de forma clara e objetiva problemas cruciais de grande atualidade.

A esse propósito, aliás, merece destaque o capítulo em que são focalizados os direitos humanos e a proteção ao meio ambiente, onde são realçadas as implicações decorrentes do caráter universal dessas questões, em confronto com a tradicional concepção da soberania enraizada no Estado-nação.

Aludindo às deficiências da teoria geral clássica e às limitações decorrentes de uma visão exclusivamente sociológica do conceito de Estado, Michel Troper afirma que o Estado se encontra em uma *no-man's land*[1], pelo que se impõe a necessidade de uma nova teoria jurídica que permita pesquisar mais profundamente as relações entre o tradicional sistema de princípios e conceitos que o informam e a estrutura do ordenamento jurídico.

É nessa direção que se desenvolve o trabalho de Valter Shuenquener de Araújo, que procura exatamente retirar a soberania das meras considerações abstratas, para situá-la dentro do contexto do quadro normativo contemporâneo, sem prejuízo, é claro, do debate teórico que a matéria envolve.

Importante ressaltar também que as novas dimensões da soberania refletem ainda as repercussões advindas de uma "cidadania pós-moderna"[2], num mundo em que a afirmação dos direitos do homem vai deixando superada a distinção tradicional entre ordem interna e ordem internacional.

Foi com muita alegria que aceitei o convite para apresentar este livro, não só pelas qualidades já ressaltadas da própria obra, mas igualmente pelo fato de ter tido a oportunidade de acompanhar a trajetória de Valter Shuenquener de Araújo, desde o bacharelado em Direito à Pós-Graduação, passando ainda pelos vários concursos públicos da área jurídica em que ele obteve aprovação, dentre os quais o mais recente tem especial significado exatamente por se tratar do seu ingresso no quadro de Professores da Faculdade de Direito da Universidade do Estado do Rio de Janeiro, onde aliás já exercera com sucesso o seu estágio docente. Devo igualmente registrar que o meu trabalho como orientador do mestrando foi extremamente facilitado pela sua diligência, serenidade e senso de organização. A Banca Examinadora contou com a participação dos Professores Celso de Albuquerque Mello e José Ribas Vieira, cujas arguições enriqueceram o momento da defesa da dissertação, propiciando profícuo debate acadêmico.

---

[1] Troper, Michel. *Pour une théorie juridique de l'´etat*. Paris: Presses Universitaires de France, 1994, p. 7.
[2] Cf. CHEVALIER, Jacques. *L'ètat post-moderne*. Paris: L.G.D.J., 2003, p. 197.

Dito isso, estou certo de que o leitor desta obra desfrutará de excelente oportunidade para apreciar uma reflexão amadurecida sobre o tema da soberania, visto sob a perspectiva da teoria dos princípios e analisado à luz de suas novas dimensões.

Paulo Braga Galvão
Professor (aposentado) de Direito Constitucional
da Faculdade de Direito da Uerj

Apresentação

A obra de Valter Shuenquener de Araújo versa sobre um tema extremamente difícil e até os dias de hoje não há um conceito uniforme sobre a soberania. É preciso coragem para escrever um livro a respeito da matéria e conseguir sistematizar as diferentes correntes do pensamento jurídico, bem como acrescentar algo de novo.

A soberania é um conceito que começou a se desenvolver na Baixa Idade Média. O Imperador do Sacro Império Germânico a reivindicava para "controlar" os chamados "reis livres" e estes alegavam possuírem-na para não se submeterem ao Imperador. De um certo modo através da História a noção de soberania foi utilizada como uma qualidade do poder, isto é, a maior ou máxima *potestas*. Os alemães chegaram a designá-la de "competência da competência". Na verdade, este poder, ou liberdade jamais existiu sem limites, porque a formação política e social denominada estado só tem realidade em uma sociedade interestatal. E, em uma sociedade nenhuma "unidade" tem poder ou liberdade sem limites. Jean Bodin, o teórico da soberania, no século XVI, já a submetia ao direito natural e ao direito das gentes.

No século XIX, as grandes potências europeias reivindicavam uma soberania quase absoluta.

No século XX, o progresso tecnológico provocou uma aceleração dos meios de transporte, o que acabou por intensificar as relações internacionais e, em consequência, uma interdependência entre os Estados que limitava a ideia de soberania.

No século XXI, a globalização fez com que não se soubesse mais qual é a noção de soberania. Esta passou a ser um critério usado em relação aos Estados pela falta de outro, mas ninguém é capaz de estabelecer o seu conteúdo.

Valter Shuenquener de Araújo trata uma noção tão difícil de uma maneira extremamente moderna com maestria. O Autor tem um currículo belíssimo e se dedica à Magistratura Federal. O Autor é um erudito, que na Uerj só deixou admiradores.

Rio de janeiro, junho de 2004.

Celso A. Mello.[1]

---

1 Pouco tempo depois de escrever esta apresentação, o brilhante professor Celso Renato Duvivier de Albuquerque Mello nos deixou precocemente em 21 de fevereiro de 2005.

Resumo

Este trabalho objetiva revisitar o tema da soberania sob a ótica do Direito e evidenciar suas novas dimensões no mundo contemporâneo. Nele, é feito um estudo da evolução do conceito de soberania ao longo da história, conforme a visão de notáveis pensadores que sobre este tema se debruçaram, dentre os quais Jean Bodin, Thomas Hobbes e Rousseau.

Alguns dos principais tópicos que gravitam em torno do tema soberania são abordados neste trabalho. Faz-se uma apreciação acerca da natureza jurídica da soberania, sobre a ideia de soberania desmembrada, sobre o titular da soberania e sobre outras questões igualmente consideradas relevantes.

São analisados os artigos da Constituição brasileira que versam sobre soberania e é comentada a participação do Poder Judiciário na construção do significado e do âmbito de incidência desse termo. Além desses aspectos, há uma abordagem sobre o emprego de princípios constitucionais como forma delimitadora do alcance da soberania e sobre os mecanismos para o exercício da soberania popular.

Também são tecidos comentários concernentes ao processo de legitimação da soberania e à importância da concretização das normas jurídicas criadas pelo Estado para que a soberania tenha efetividade.

Ao final, ao se tratar do nacionalismo e universalismo, são apreciados dois temas que atualmente afetam a soberania estatal: direitos humanos e meio ambiente, os quais, por sua vez, envolvem pretensões de caráter universal.

Sumário

Capítulo 1 – A Evolução do Conceito da Soberania 1
1.1. Origens da Soberania 1
1.2. A Soberania em Jean Bodin 11
1.3. A Soberania em Thomas Hobbes 14
1.4. A Soberania em Rousseau 23
1.5. Soberania em um Mundo Globalizado 29

Capítulo 2 – Aspectos Conceituais da Soberania 35
2.1. Da Natureza Jurídica da Soberania. Soberania como Princípio? 35
2.2. Exclusividade Estatal da Soberania. Atributos e Elementos da Soberania 42
2.3. Soberania Externa e Soberania Interna 52
2.4. Soberania Desmembrada 58
2.5. Titularidade da Soberania 60
2.6. Poder Constituinte e Soberania 70
2.7. A Soberania e o Direito de Intervir 74

Capítulo 3 – A Soberania e o Direito Brasileiro 79
3.1. A Soberania na Constituição da República 79
3.2. A Soberania nos Tribunais. Controle do Poder Judiciário sobre o Exercício da Soberania 89

3.3. O Emprego de Princípios Constitucionais para Delimitar o Alcance da Soberania 103

3.4. Exercício da Soberania através do Plebiscito, Referendo e Iniciativa Popular 110

Capítulo 4 – Legitimação e Ponderação da Soberania 119

4.1. A Legitimação da Soberania 119

4.2. A Soberania e o Mínimo Existencial 126

4.3. A Soberania e o Postulado da Preservação do Contrato Social 131

4.4. O Princípio da Soberania e a Concretização das Normas Jurídicas 134

Capítulo 5 – Nacionalismo e Universalismo 143

5.1. Soberania e Direitos Humanos 143

5.2. Meio Ambiente e Soberania 160

Conclusões **167**

Bibliografia **173**

INTRODUÇÃO

Inicialmente, fazendo uso de valiosa lição de Michael Walzer[1], temos a obrigação de dizer que este trabalho não objetiva apresentar soluções para todas as discussões e polêmicas geradas em relação ao tema soberania nem adentrar todos os tópicos e as conceituações que esse termo possa suscitar. O enfoque será, à medida do possível, voltado para questões predominantemente afetas ao Direito. Aspectos históricos, políticos, econômicos e, até mesmo, filosóficos serão, eventualmente, apresentados com o propósito de auxiliar na apreciação do tema, mas não com a finalidade de ofuscar o enfoque jurídico do trabalho.

O foco da abordagem não privilegiará as relações entre Estados, mas a relevância da soberania no âmbito do direito positivo interno, especialmente no que concerne à concretização de normas jurídicas e à proteção dos indivíduos vinculados a um Estado.

Nesse contexto, devemos lembrar que a soberania sofreu, como todo e qualquer princípio existente em nosso ordenamento jurídico, evolução na sua abrangência, significado e relevância. A soberania tem sido objeto de preocupação dos pesquisadores do Direito, mas, conforme o momento histórico em que o estudo é realizado, seu enfoque ganha contornos particulares. Momentos há, por exemplo, em que a soberania

---

[1] Na página 8 de seu livro *On toleration*, Michael Walzer faz a seguinte recomendação: "*Diga aos seus leitores o que você não irá fazer; isso irá aliviar as suas mentes e eles estarão mais inclinados a aceitar o que aparenta ser um modesto projeto*". Tradução livre do seguinte texto: "*Tell your readers what you are not going to do; it will relieve their minds, and they will be more inclined to accept what seems a modest project*".

fica intensamente relacionada ao nacionalismo e é confundida, inclusive, com a ideia de extrema proteção do nacional.

Na conjuntura atual, vivenciamos uma realidade de notável destaque. Por um lado, há maior integração entre os meios de comunicação e maior aproximação entre as culturas. As distâncias vêm se tornando cada vez menores. Por outro, observa-se que o nacionalismo e a soberania têm sido lembrados com bastante frequência e que, como reação à proliferação de valores universais, os indivíduos estão buscando abrigo em seus Estados. A globalização tem, portanto, também, causado uma busca pelo localismo. Nesse contexto, a soberania é invocada a todo instante como forma de evitar que a vontade de outros Estados prevaleça sobre a vontade nacional, tornando-se, assim, um instrumento hábil a repelir ingerências de Estados estrangeiros.

É cediço que a diluição das fronteiras também traz como consequência o desaparecimento do aparato estatal de proteção social ao indivíduo. O excluído, como bem destaca Francisco Lucas Pires, deixa de ser, apenas, o estrangeiro. Todo aquele que é marginalizado pela mundialização, inclusive o nacional, passa a, também, ser isolado socialmente e quem não se enquadra no que é ditado universalmente é deixado de lado e esquecido.[2] Em razão dessa distorção, o retorno ao nacionalismo, com a valorização da ideia de uma soberania forte, parece representar uma busca pela preservação dos direitos garantidos ao indivíduo pelo Estado.

Sob a ótica militar, a soberania deixou de ser ameaçada apenas pelo poderio bélico tradicional. O armamento nuclear teve relevante papel nesse tópico, pois de nada serve um exército fortemente armado diante de uma ameaça dessa natureza. O recurso militar deixou de ser autossuficiente, para ser um mecanismo complementar de inibição. A "ameaça", se é que podemos denominar assim, tornou-se difusa, oriunda

---

2 PIRES, Francisco Lucas. *Introdução ao direito constitucional europeu (seu sentido, problemas e limites)*. Coimbra: Livraria Almedina, 1997, p. 8.

de empresas transnacionais, organizações internacionais, empresas nacionais e de inúmeras outras fontes de pressão. Como se isso não bastasse, forças nacionais também abalam o conceito clássico de soberania, ao procurar fazer prevalecer as fronteiras originais e culturais dos povos, independentemente daquelas estabelecidas pelo poder constituído.[3]

A sociedade internacional deixa de oscilar, nas palavras de Tullo Vigevani[4], entre unicamente a guerra e a paz e passa a buscar incessantemente o consenso em uma realidade de perene instabilidade. Uma espécie de paz vigiada, obtida através de concessões recíprocas, tem sido comum na sociedade internacional. No Brasil, a prova dessa busca é a quantidade de acordos e tratados assinados e ratificados a cada dia. Notícia veiculada pelo periódico *Valor Econômico*[5] informa que a média de novas ratificações pelo Brasil chega a ser superior a de um tratado por dia. Estão em vigor no país mais de oito mil tratados.

Embora os Estados sejam, para grande parte dos juristas, as únicas instituições tidas como soberanas, nem sempre os seus dirigentes são capazes de concretizar, independentemente do auxílio estrangeiro, as normas jurídicas criadas.[6]

---

3 "*Vemos que a aceleração do processo de globalização, ao produzir uma interseção crescente entre as forças nacionais e transnacionais, isto é, ao gerar um processo concreto de transformação social, tende a modificar, internamente, as relações entre Estado território, população e nação e a questionar, externamente, o lugar central que os Estados ocupam no sistema internacional há mais de três séculos. E tende, sobretudo, a corroer o conceito clássico de soberania do Estado que, confundindo-se com a ideia de nação, estaria sendo desafiado, tanto por forças transnacionais que traspassam as fronteiras e os limites demarcados política e territorialmente, quanto por forças subnacionais e/ou locais que, questionando fronteiras estabelecidas, se dispõem a reconstituí-las segundo novos, ou antigos, traçados*". CAMARGO, Sonia de. Governança global: utopia, desafio ou armadilha? In: *Governança global. Reorganização da política em todos os níveis de ação*, n. 16, Konrad Adenauer Stiftung, 1999, p. 4.

4 VIGEVANI, Tullo. Obstáculos e possibilidades para a governabilidade global. In: *Governança global. Reorganização da política em todos os níveis de ação*, n. 16, Konrad Adenauer Stiftung, 1999, p. 34.

5 BATISTA, Henrique Gomes. Brasil assina um tratado a cada dia. *Valor Econômico*, São Paulo, 11 jul. 2002.

6 Roque Antônio Carraza destaca que: "*A soberania, como qualidade jurídica do imperium, é apanágio exclusivo do Estado. Se ele não tivesse um efetivo predomínio sobre as pessoas que o compõem, deixaria de ser Estado. Daí concluirmos que a soberania é inerente à própria natureza do Estado*". CARRAZA, Roque Antônio. *Curso de direito constitucional tributário*. 2ª ed. São Paulo: Editora Revista dos Tribunais, 1991, p. 64.

O Estado-nação vem perdendo liberdade na condução de sua política (interna e externa), ficando, assim, limitado por normas internacionais e, cada vez mais, por pactos regionais. Sua autoridade fica a depender de fatores externos e, conforme nos ensina André-Jean Arnaud, a porosidade das fronteiras estatais dificulta o controle de fluxos transfronteiriços monetários, de bens e de informações.[7]

Outra preocupação que perpassa os dias de hoje é a de que somente os interesses das nações poderosas venham a prevalecer no contexto internacional. Será que com um eventual deslocamento da soberania nacional para uma perspectiva de "soberania" global ainda assim existirá o favorecimento dos interesses de um povo em detrimento dos de outro? Alterando-se o foco de atenção do nacional para o global, a defesa dos interesses, também, tem seu eixo alterado. Nesse diapasão, pode-se afirmar que, na ausência de normas de última instância superiores às previstas pelo ordenamento estatal, fica difícil de se atingir uma obediência universal.

Há, ainda, aqueles – como Wolfgang Reinicke – que defendem que a transferência de poderes dos Estados para instituições multilaterais seria algo a ser desejado para a globalização seguir um rumo sustentável.[8] Ainda segundo Reinicke, essa transferência não representaria perda de soberania.

Não compartilhamos do mesmo pensamento de Reinicke nesse tema, pois encarregar instituições multilaterais da criação de plataformas para redes de política pública global esvazia a função da soberania estatal e não representa alternativa imparcial e descomprometida, já que essas instituições, como se tem conhecimento, não espelham uma vontade universal.

Algo, no entanto, nos parece incontestável: o Estado deverá, no exercício de sua soberania, buscar o auxílio da sociedade

---

7 ARNAUD, André-Jean; MELLO, Celso Duvivier de Albuquerque (Coord.). Da regulação pelo direito na era da globalização. In: *Anuário Direito e Globalização. A soberania.* Rio de Janeiro: Renovar, 1999, p. 25.

8 REINICKE, Wolfgang H.. Governança em um mundo pós-interdependente a caminho de uma política global. In: *Governança global,* n. 16, Konrad Adenauer Stiftung, 1999, p. 25.

civil para que sejam concretizadas as normas jurídicas criadas. Sem essa colaboração, difícil será materializar, por exemplo, os direitos humanos, a proteção ambiental e os direitos sociais.

Será tarefa árdua para o Estado tornar, por si só, efetivas as normas constitucionais instituídas em favor dos cidadãos. O Estado tornou-se impotente para avaliar o alcance de suas medidas políticas, passando, assim, a não ter condições de determinar em que grau poderá satisfazer as necessidades dos seus "súditos".

A soberania é atenuada para permitir a aceitação do Estado no contexto internacional e a força estatal passa a dividir espaço com outros feixes de poderes, cujos centros de irradiação situam-se até mesmo fora de seu território. A recusa do Estado em dar cumprimento a normas "impostas", ainda que de forma velada, pela comunidade internacional, com o pretexto de que a sua soberania estaria sendo violada, não mais se apresenta como uma justificativa aceitável e por si só suficiente. Por outro lado, tal recusa pode acarretar a exclusão do Estado do cenário internacional e os malefícios disso advindos são demasiadamente elevados para serem suportados.

E a democracia cumpre relevante papel nesse momento de incertezas. Por meio do debate democrático é que os nacionais poderão delimitar e aceitar a relativização da soberania do Estado que integram.[9] Pelo debate democrático é que o Estado estará legitimado para permanecer como elemento intermediário e mediador entre a esfera nacional e a internacional. Mediante esse debate é que será possível fazer um juízo valorativo acerca

---

9 Nunca é demais lembrar que, nos dias de hoje, a democracia não tem logrado êxito na busca de um consenso mundial, conforme ilustra a cientista política Sonia de Camargo, Diretora do Instituto de Relações Internacionais da PUC-RJ em seu artigo Governança global: utopia, desafio ou armadilha?, p. 8: "[...] mesmo que se possa considerar 1989 como a data a partir da qual a legitimidade democrática se consolidou e estendeu por várias regiões do mundo, pode-se afirmar, da mesma maneira, que o domínio de uma só cultura constitui uma fonte de violência e de arbitrariedades e, como consequência, de rejeição e não de convergência, como imaginavam Kant e os liberais de todos os tempos". "[...] sob o aparente triunfo universal da democracia, sua eficácia efetiva como forma de organização política não tem o mesmo peso nem a mesma significação para todas as sociedades em que foi implantada".

da tendência atual de imposição aos Estados de temas e valores tidos como universais.

Há crise no princípio da soberania do Estado-nação e não existe, ainda, uma solução alternativa ao modelo existente. Quando se parecia estar caminhando rumo à crença em órgãos de deliberação transnacionais, o ataque terrorista de 11 de setembro de 2001 originou uma abrupta guinada em direção ao fortalecimento da soberania e dos valores nacionalistas, o que foi, inclusive, reforçado com o ataque dos Estados Unidos da América ao Iraque deflagrado em março de 2003 sem a autorização do Conselho de Segurança da ONU.

A soberania estatal não pressupõe o conceito de algo eterno e universal. Remonta, por outro lado, a uma época da civilização ocidental em que os indivíduos foram substituídos pelos Estados no âmbito internacional. O Estado-nação europeu erradicou a pulverização do poder e pôs fim à anarquia feudal. No entanto, nada há, ao que tudo indica, que impeça a substituição do Estado em sua feição atual por um outro modelo capaz de viabilizar a paz mundial e de satisfazer os anseios de cada comunidade.

Reconhecendo, por fim, a complexidade do estudo sobre a soberania, em razão da amplitude do seu objeto e em decorrência de sua característica mutável ao longo da história, esclarecemos que a sua origem e evolução, embora não tenham sido os únicos propósitos deste livro, foram, conforme a seguir, objeto de nossa preocupação.

Capítulo 1
A Evolução do Conceito da Soberania

1.1 Origens da Soberania. 1.2 A Soberania em Jean Bodin. 1.3 A Soberania em Thomas Hobbes. 1.4 A Soberania em Rousseau. 1.5 Soberania em um Mundo Globalizado.

1.1. ORIGENS DA SOBERANIA

Etimologicamente, a palavra *soberania* tem origem no latim *superanus*.[1] O termo nos oferece a ideia de um grau supremo de hierarquia política, de um poder supremo que não reconhece outro acima (*suprema potestas superiorem non recognoscens*).

Não é recente a existência da noção de um termo que expresse o poder de alguém fazer prevalecer sua vontade sobre a dos demais seres. Já na Grécia se falava em autonomia e em independência. As cidades-Estado gregas buscavam a autossuficiência (autarquia) e eram tidas como independentes[2]. Entre as cidades-Estado, havia uma certa igualdade de poder

---

[1] MELLO, Celso Duvivier de Albuquerque. A soberania através da história. In: *Anuário Direito e Globalização. A soberania*. Rio de Janeiro: Renovar, 1999, p. 10. Celso Mello realça que o sufixo *"anus"* do médio latim comprovaria a origem popular do termo. Vale o registro, no entanto, como o próprio professor aponta, que há quem defenda que o vocábulo seria oriundo do baixo latim *"superanitas"*. MELLO, Celso Duvivier de Albuquerque. *Direito internacional econômico*. Rio de Janeiro: Renovar, 1993, p. 46.
[2] *Ibidem*, p. 9.

que propiciava a noção de independência com semelhança à ideia de soberania.

Com relação à situação do cidadão na Grécia antiga, há de se realçar que, embora participasse da formação das normas jurídicas, tinha sua liberdade sobremaneira restringida pelo poder que emanava do Estado. Conforme destaca Jellinek, "*las leyes soberanas [...] dominaban al individuo totalmente sin dejarle esfera alguna de libertad en el sentido más importante que tiene este concepto de libertad para el hombre moderno*".[3]

Na Grécia, diversamente do que ocorria em Roma, o pai de família tinha sua autoridade derivada do poder estatal e somente exercia poder sobre seus filhos nos limites que lhe eram outorgados. Em Roma, esse fato não ocorria, uma vez que o pai de família (*pater familias*) possuía um poder semelhante ao do Estado. No âmbito doméstico, seu poder era soberano e não derivava diretamente do Estado e nem mesmo era por ele fiscalizado.[4] A família seria uma *res publica* em miniatura e a supremacia do Estado não tinha o condão de anular o poder do *pater familias*. Os chefes de família somente se tornavam cidadãos do Estado quando colocavam os pés fora de seus lares e obedeciam a um mesmo soberano. A autoridade do Estado parava logo na entrada dos lares, conforme faz sobressair McClelland, ideia que posteriormente seria retomada por Bodin.[5]

No auge da civilização romana, a conjuntura política e econômica do Império não favorecia uma discussão aprofundada sobre o conceito de soberania. Para se conseguir identificar e definir a soberania, é preciso que haja instâncias emanantes de poder em pé de igualdade. Como as forças do Império Romano se estendiam irrestritamente, não havia algo a ameaçar sua supremacia. Nesse ambiente, aquilo que não fosse Estado Romano seria um mero aglomerado de pessoas.[6] Ausente, dessa

---
[3] JELLINEK, op. cit., p. 219.
[4] *Ibidem*, p. 235.
[5] MCCLELLAND, J. S.. *A history of western political thought*. Editora Routledge, 1996, p. 282.
[6] REALE, Miguel. *Teoria do direito e do estado*. 4ª ed. São Paulo: Saraiva, 1984, p. 190.

forma, a consciência cultural da existência de outros Estados além do romano, tornou-se prejudicado o desenvolvimento de uma teoria da soberania. Como salienta Jellinek, faltava ao mundo antigo[7] algo capaz de originar o conceito de soberania, isto é, "*a oposição do poder do Estado a outros poderes*".[8]

O conceito de soberania começa a se desenvolver na Idade Média. Segundo narra Celso Mello,[9] a partir dos últimos trinta anos do século XIII é que surgem as palavras "soberano" e "soberania". Luigi Ferrajoli, também, nos ensina que a palavra soberania foi utilizada no século XIII nos *Livres des coutumes et des usages de Beauvoisis* (Livros dos costumes e dos usos de Beauvoisis), do feudalista Beaumanir. Nele, há menção de que "*chacuns barons est souverain en sa baronie*" (cada barão é soberano em seu baronato) e, ainda, de que "*le rois est souverain par dessus tous*" (o rei é soberano acima de todos).[10]

Nesse mesmo sentido, Jellinek professa que, com o aumento dos domínios do rei, seu poder é fortalecido e:

> *El rey adquiere el poder supremo de justicia, y asume igualmente en si el poder legislativo y el de policía. Al final del siglo XIII aparece por vez primera el principio de que el rei era sovrains de todo el reino sobre los barones.*[11]

Nesse período histórico, os senhores feudais exerciam o domínio sobre os seus vassalos, mas estavam submetidos, em certa medida, aos poderes dos monarcas locais e, ainda, aos do Imperador do Sacro Império Romano Germânico e aos do Papa. Por outro lado, os monarcas locais, a Igreja e o Imperador estavam acima dos senhores feudais, mas não detinham

---

7 Como bem destacam Nguyen Quoc Dinh, Patrick Daillier e Allain Pellet, "*A Antiguidade engloba os três milênios que precederam à nossa era e estende-se até a queda do Império Romano do Ocidente em 476 d.C.*" *Direito internacional público*. Lisboa: Editora Fundação Calouste Gulbenkian, 1999, p. 36.
8 JELLINEK, Georg. *Teoría general del estado*. Buenos Aires: Editora Albatros, 1970, p. 331.
9 MELLO, Celso Duvivier de Albuquerque. A soberania através da história. In: *Anuário Direito e Globalização. A soberania*. Rio de Janeiro: Renovar, 1999, p. 10.
10 FERRAJOLI, Luigi. *A soberania no mundo moderno*. São Paulo: Editora Martins Fontes, 2002, p. 66.
11 JELLINEK, op. cit., p. 337.

poder suficiente para impor exclusivamente suas respectivas vontades.

Os feudos dificultavam a construção de um poder singular, um poder supremo capaz de fazer prevalecer uma única vontade, o que, por conseguinte, retardou a construção dos Estados nacionais na Europa.

Com o fim do feudalismo e o desenvolvimento do capitalismo, o contorno da ideia de soberania teve maior definição e passou a fortalecer-se. Como lembrou Márcio Monteiro Reis:

> *O soberano procedeu à substituição do poder fragmentário dos senhores feudais e das autonomias locais, por uma relação sem intermediários entre o seu poder e o povo. Passou a ocupar uma posição de absoluta supremacia, desprovido de quaisquer laços de sujeição.*[12]

A necessidade de o Estado se fortalecer e de lutar contra ameaças externas e de fazer valer sua vontade no âmbito interno foi, portanto, capaz de originar e de engrandecer a soberania. Na França, conforme Carré de Malberg, a soberania teria nascido em razão de dois esforços da realeza francesa na Idade Média: o primeiro para se tornar independente externamente em relação ao Sacro Império Romano Germânico e ao Papado; o segundo para internamente se estabelecer com superioridade em relação aos senhores feudais.[13] No dizer de José do Patrocínio Gallotti:

> *Na luta do rei, que encarnava os interesses nacionais, contra os interesses pontifícios,*

---

12 REIS, Márcio Monteiro. *Mercosul, União Europeia e Constituição. A integração dos estados e os ordenamentos jurídicos nacionais*. Biblioteca de Teses. Rio de Janeiro: Renovar, 2001, p. 9.

13 CARRÉ DE MALBERG, Raymond. *Teoría general del estado*. México: Fondo de Cultura Económica, 1948, p. 84. Darcy Azambuja precisamente narra que "*foi a soberania interna o primeiro aspecto da soberania que se constituiu, com a vitória do trono sobre os altivos e insubordinados barões feudais, com a consolidação e extensão da autoridade real sobre todo o território. Externamente, os reis da França travavam uma luta semelhante, para emancipar-se da tutela dos imperadores alemães, que se supunham herdeiros do Império Romano e com supremacia sobre todos os reis da Europa, e com o Papado, pois a Santa Sé durante muito tempo se arrogava o direito de confirmar os reis no trono e o de depô-los, por meio da excomunhão, que desligava os súditos do juramento de fidelidade*". AZAMBUJA, Darcy. *Teoria geral do estado*. 4ª ed. Porto Alegre: Globo, 1959, p. 61.

imperiais e feudais, foi surgindo, tomando corpo e, afinal, apresentando-se completo o conceito de soberania.[14]

Nesse mesmo sentido, Hermann Heller aponta que:

> El moderno Estado soberano nace de la lucha de los príncipes territoriales para la consecución del poder absoluto dentro de su territorio, contra el Emperador y la Iglesia, en lo exterior, y con los poderes feudales organizados en estamentos, en lo interior.[15]

Com o Tratado de Vestefália de 1648,[16] passou a existir, ao menos formalmente, igualdade jurídica dos Estados. Fundou-se um sistema internacional semelhante ao existente atualmente em que cada ente soberano exerce comando dentro de seu território. A expressão *par in parem non habet judicium* (um igual não possui jurisdição sobre outro igual) ganhou força.

A negociação no congresso internacional que recebeu o nome de *Paz de Vestefália* é um marco na história do Direito, pois representa a primeira ocasião em que os Estados europeus deliberaram em conjunto sobre diversas matérias, como, por exemplo, a criação da Suíça e a incorporação da Alsácia à França. Além disso, complementa Celso Mello que a *Paz de Vestefália* simboliza o:

> Início do imperialismo francês e o fracionamento do Sacro Império Romano Germânico. [...] o que surge com a Paz de Vestefália é uma sociedade internacional em que os Estados aceitam regras e instituições que limitam a sua ação, e que isto é do interesse comum.[17]

---

14 GALLOTTI, José do Patrocínio. *A soberania nacional e as liberdades*, Tese (Concurso de Professor Catedrático de Teoria Geral do Estado) – Faculdade de Direito de Santa Catarina, 1955, p. 65-66.

15 HELLER, Hermann. *Teoría del estado*. Versão espanhola de Luis Tobío. 5ª ed. em espanhol. México: Fondo de Cultura Econômica, 1963, p. 31.

16 Na realidade, há dois tratados que puseram fim à Guerra dos Trinta Anos e que receberam o nome de Tratados de Vestefália: o Tratado de Osnabrück e o de Münster, respectivamente de 14 e 24 de outubro de 1648. DINH, Nguyen Quoc; DAILLIER, Patrick; PELLET, Allain, op. cit., p. 44-45.

17 MELLO, Celso Duvivier de Albuquerque. *Curso de direito internacional público*. 12ª ed. rev. e ampl. Rio de Janeiro: Renovar, 2000. v. I, p. 159.

Cumpre frisar, portanto, que o conceito de soberania ficou fortalecido com o surgimento e desenvolvimento do Estado-nação. A consolidação dos Estados levou à concentração dos poderes nas mãos do soberano. Nesse primeiro momento, a fusão de poderes em favor do soberano em conjunto com o aspecto da identidade nacional existente entre os súditos propiciou que o Estado-nação fosse erguido e que a soberania fosse exercida.

No decorrer dos anos, houve, no entanto, um constante afastamento da noção de soberania da pessoa do monarca. Deixou de ser, em grande parte dos Estados, de titularidade do príncipe, para se identificar com o povo e a nação.

Aqui é preciso abrir um parêntese sobre a realidade brasileira no que diz respeito à aproximação da titularidade da soberania em direção ao povo e o seu afastamento da pessoa do monarca. No Brasil, essa transferência de titularidade foi (e continua a ser) dificultada pelo caráter "cartorial" do Estado. Em relação a esse tema, o saudoso Raymundo Faoro apontava que as características do Estado brasileiro criaram obstáculos ao poder constituinte e tornaram árdua a transferência da titularidade da soberania para o povo. O poder constituinte nunca teria conseguido vencer o aparelhamento e neutralizar o vigor dos donos do poder, *"firmemente ancorado ao patrimonialismo do Estado"*.[18] Keith Rosenn chama atenção para o fato de que:

> *Nas colônias da América Latina, o patrimonialismo produziu uma corrupção generalizada [...]. Uma vez que os cargos no Governo foram considerados privilégios pessoais concedidos ou adquiridos da Coroa, as noções de serviço público e de função pública eram inexistentes.*[19]

---

18 FAORO, Raymundo. *Assembleia constituinte – A legitimidade recuperada*. São Paulo: Editora Brasiliense, 1981, p. 92.
19 Tradução livre de ROSENN, Keith S. The success of constitutionalism in the United States and its failure in Latin America: an explanation. *The University of Miami Inter-American Law Review*, Miami, v. 22, n. 1, 1990, p. 25.

No mesmo sentido, faz-nos lembrar Daniel Sarmento que o Brasil pouco se beneficiou das conquistas do Estado Liberal e do Estado Social. Sempre serviu o Estado como alimento para o capitalismo nacional.[20] No Brasil, a ausência de uma completa despatrimonialização do Estado e a ideia de que ele tem a função primordial de conceder privilégios criaram, em certa medida, empecilhos à transferência da titularidade da soberania em direção a um maior número de pessoas, uma vez que somente poucos são agraciados. Basicamente aqueles que possuem um poder local ("Coronéis") é que são capazes de obter privilégios por intermédio de uma densa "rede de compromissos".[21]

Diante desse quadro, as crises da história brasileira têm sido remediadas mediante sucessivos pactos ajustados pelas classes dominantes. José Ribas Vieira salienta, inclusive, que não houve rupturas das relações sociais, mas tão somente ocorreram "*rearranjos de setores dominantes nessas crises dos pactos de hegemonia*".[22]

Retomemos o ponto em que afirmamos que a soberania passa a se identificar com o povo e a nação. Povo e nação[23] são expressões com significados distintos e, para demonstrar tal distinção, socorremo-nos das valiosas lições de Hildebrando Accioly:

> *O povo é a massa de indivíduos que habitam um mesmo país, e que, organizando-se politicamente, formam o Estado, isto é, uma comunidade política independente, estabelecida permanentemente num território determinado, dotado de um governo e*

---

20 SARMENTO, Daniel. Constituição e globalização. A crise dos paradigmas do direito constitucional. In: *Anuário Direito e Globalização. A soberania*. Editora Renovar, 1999, p. 58.
21 VIEIRA, José Ribas. *O autoritarismo e a ordem constitucional no Brasil*. Rio de Janeiro: Editora Renovar, 1988, p. 55.
22 *Ibidem*, p. 51.
23 Segundo Marcelo Escolar, a origem etimológica da palavra *nação* residiria na palavra latina *nasci* (nascer) e, mais especificamente, no seu derivado *nationis* (nascimento). ESCOLAR, Marcelo. Mediação geográfica de territórios estatais. In: *O novo mapa do mundo. Fim de século e globalização*. SANTOS, Milton (Org.), SOUZA, Maria Adélia A. de (Org.), SCARLATO, Francisco Capuano (Org.) e ARROYO, Mônica (Org.). 3ª ed. São Paulo: Editora Hucitec. 1997, p. 89.

capaz de manter relações com coletividades da mesma natureza. Uma nação é um conjunto de pessoas que possuem a mesma origem, as mesmas tradições, os mesmos costumes, e aspirações comuns. Constituem, pois, a nação vários fatores, entre os quais se salienta um, de natureza subjetiva, que é a consciência nacional. Estado e nação nem sempre se correspondem, havendo casos de Estados com várias nações e de nações fracionadas em Estados distintos.[24]

Sob outro prisma, nação e nacionalismo são conceitos relativamente recentes, fenômenos dos séculos XIX e XX, que emergiram sob a inspiração da Revolução Francesa. A existência de heróis, mitos, cerimônias e de uma cultura comum, isto é, de uma identidade nacional, acarreta maior coesão e facilita, na maioria das ocasiões, o exercício da soberania.[25] Os nacionais passam a sentir uma necessidade de preservação de seus valores culturais e a desenvolver um sentimento de fraternidade. A consciência da existência de uma identidade nacional é capaz de originar um sentimento de solidariedade e de incentivar indivíduos a se considerarem responsáveis uns pelos outros.

Dissertando sobre aspectos da globalização, Octavio Ianni informa que:

> A nação é uma criação simultaneamente geográfica, econômica, demográfica, cultural, social e política, com todas as características de um processo histórico. Forma-se e transforma-se

---

[24] ACCIOLY, Hildebrando. *Manual de direito internacional público*. 11ª ed. São Paulo: Editora Saraiva, 1995, p. 15.

[25] Anthony D. Smith, ao comentar a importância do nacionalismo e a situação da União Europeia, destaca que *"Sem a existência de memórias e de significados compartilhados, sem a existência de símbolos e de mitos comuns, sem a existência de relicários, cerimônias e de monumentos, com a exceção das amargas lembranças dos recentes holocaustos e guerras, quem irá sentir-se Europeu nas profundezas do seu interior, e quem desejará sacrificar-se por um ideal tão abstrato? Em resumo, quem se matará em nome da Europa?"* Tradução livre do seguinte texto: *"Without shared memories and meanings, without common symbols and myths, without shrines and ceremonies and monuments, except the bitter reminders of recent holocausts and wars, who will feel European in the depths of their being, and who will willingly sacrifice themselves for so abstract an ideal? In short, who will die for Europe?"* Nations and nationalism in a global era. Polity Press. 1998, p. 139.

segundo o jogo das forças sociais internas e externas, modificando-se de tempos em tempos, ou continuamente.[26]

A nação será um elemento do Estado, será o meio social onde o Estado passa a ter sua existência.[27]

A consciência do sentimento nacional deriva, repise-se, da existência de uma mesma língua, de um mesmo território, dos mesmos hinos e símbolos e de outros fatores relacionados ao dinamismo de um povo. Mas não é só com base no presente que o sentimento nacional é construído. Tradições erigidas ao longo dos anos colaboram, e muito, para o desenvolvimento desse sentimento. Daí Leon Duguit afirmar que:

> A nação é formada também por mais mortos do que vivos. A recordação das batalhas travadas, dos triunfos obtidos e, sobretudo, das derrotas sofridas em comum, contribui poderosamente para criar e precisar a solidariedade nacional.[28]

Os conceitos de Estado e nação, por seu turno, também não se igualam, conforme explica Oliveiros Litrento:

> O sentimento de unidade nacional [...] decorre de fatores múltiplos em que podem ser acentuadas a mesma língua, religião, raça, limites naturais do território, usos e costumes. Mas seu elemento essencial repousa numa reunião permanente de tradições, aspirações e necessidades vinculadas, traduzidas pela vontade de viver em comum, na crença nacional em um mesmo destino. Já o Estado, que pode abranger uma só nação ou várias nações, organismo artificial político--jurídico, aparece de direito quando a nação

---

26 IANNI, Octavio; SANTOS, Milton (Org.); SOUZA, Maria Adélia A. de (Org.); SCARLATO, Francisco Capuano (Org.); ARROYO, Mônica (Org.). Nação e globalização. In: *O novo mapa do mundo. Fim de século e globalização.* 3ª ed. São Paulo: Editora Hucitec. 1997, p. 71.
27 Leon Duguit afirma que a nação é "*o meio social onde o facto Estado se produz*". DUGUIT, Leon. *Os elementos do estado.* Lisboa: Editorial Inquérito, 1939, p. 8.
28 *Ibidem*, p. 13.

existe de fato. Só permanece o Estado quando repousa sobre a nação.²⁹

Como oportunamente nos trouxe à memória Habermas, na língua alemã a palavra *Estado* é detalhada por meio de três expressões específicas, o que facilita a compreensão do seu significado e a sua relação com termos como soberania e nação.³⁰ *Staatsgewalt* (poder estatal), por exemplo, representa o poder estatal indispensável para o exercício da soberania (interna e externa). *Staatsvolk* (povo do Estado) significa o conjunto de cidadãos vinculados ao Estado, o que aproxima a palavra da ideia de povo. Por fim, *Staatsgebiet* (área do Estado) representa o território estatal. É o local em que, via de regra, o poder estatal incidirá. São, portanto, três palavras que dão o contorno dos principais elementos que caracterizam o Estado. Ressalte-se, ainda, que as línguas que não fazem uso desse detalhamento podem permitir o surgimento de problemas conceituais.

Passemos, agora, a analisar alguns dos principais pensadores que tiveram a soberania como objeto de estudo.

Antes mesmo de Bodin e de Hobbes, Francisco de Vitória, Gabriel Vasques de Menchaca e Francisco Suarez já se preocupavam com o estudo da soberania no século XVI.

Francisco de Vitória, por exemplo, contestava as conquistas dos espanhóis no Novo Mundo. Defendia que a soberania espanhola não poderia violar outras soberanias. Ferrajoli afirma, inclusive, que Francisco de Vitória teria contribuído para a formação do alicerce do Direito Internacional, pois enxergou o mundo como uma *"sociedade natural de Estados soberanos"*.³¹

---

29 LITRENTO, Oliveiros. *Manual de direito internacional público.* 2ª ed. Rio de Janeiro: Editora Forense, 1979, p. 298.
30 HABERMAS, Jürgen. The european nation state – its achievements and its limits on the past and future of sovereignty and citizenship. In: *Challenges to law at the end of the 20ᵗʰ century.* 17ᵗʰ IVR World Congress. Bologna. Editora Clue B, 1995, p. 27.
31 FERRAJOLI, op. cit., p. 7.

1.2. A SOBERANIA EM JEAN BODIN

Quem quer que se proponha a escrever uma frase que seja sobre o instituto da soberania possui a obrigação acadêmica de fazer menção à obra de Jean Bodin.

Jean Bodin, que viveu de 1520 a 1596, estudou e foi professor de Direito em Toulouse, França. Sua renomada obra "*Dos Seis Livros da República*" foi escrita em 1576, quatro anos após a noite de Saint-Barthélemy,[32] e o alçou ao reconhecimento como um dos fundadores da Ciência Política na França.

A obra de Bodin foi marcada pela época sangrenta em que o autor francês viveu. As guerras civis de seu tempo fizeram Bodin crer que o Estado somente seria salvo se os poderes fossem concentrados na pessoa do soberano. O soberano deveria possuir meios para dar unidade ao Estado. Com poderes absolutos e irrepreensíveis, o soberano poderia controlar eventuais crises e evitar o esfacelamento do Estado e do próprio povo.

Em meio à situação caótica originada pelas lutas religiosas, Bodin procura alcançar a paz e a segurança por meio do monopólio do poder pelo soberano. A incessante preocupação com a necessidade de concentração do poder nas mãos de uma única pessoa leva Bodin a refutar a repartição do exercício da soberania por diversos órgãos[33] e o faz enxergar, ainda nesse contexto, a possibilidade de criação de leis como uma característica fundamental da soberania (*Gesetzgebungsrecht*).[34]

A influência do mestre francês no estudo da soberania é marcante, ainda que ele considerasse, na obra "*Dos Seis Livros da República*", o soberano como representante de Deus. Para

---

32 Como registra John Rawls em seu livro *O Direito dos Povos*, p. 28, no dia de São Bartolomeu do ano de 1572, houve uma sangrenta guerra religiosa que acarretou o massacre de mais de quinze mil huguenotes, protestantes franceses.

33 HOLSTEIN, Günther. *Historia de la filosofia política*. Segunda edición. Madrid: Instituto de Estudos Políticos, 1953, p. 204.

34 Hermann Heller rememora que "*Bodin enxergou o direito de legislar como a característica mais essencial da soberania*". Tradução livre do seguinte texto: "*Bodin hat das wesentlichste Merkmal der Souveranität im Gesetzgebungsrecht gesehen*". HELLER, Hermann. *Die souveranität. ein beitrag zur theorie des staats-und völkerrechts*. Berlim e Leipzig: Walter de Gruyter & Co., 1927, p. 68-69.

Bodin, portanto, a figura do soberano deveria ser respeitada por representar a vontade de Deus na Terra.[35] No dizer de Bodin:

> Nada havendo de maior sobre a terra, depois de Deus, que os príncipes soberanos, e sendo por Ele estabelecidos como seus representantes para governarem os outros homens é necessário lembrar-se de sua qualidade, a fim de respeitar-lhes e reverenciar-lhes a majestade com toda a obediência, a fim de sentir e falar deles com toda a honra, pois quem despreza seu príncipe soberano, despreza a Deus, de Quem ele é a imagem na terra.[36]

Bodin prefere o regime monárquico a outras formas de organização do Estado. Essa preferência ocorre, segundo Chevallier, por três motivos: primeiro, porque a própria natureza prefere o regime monárquico (somente há um sol, somente há um chefe de família, somente há um Deus); segundo, porque a monarquia ofereceria um regime capaz de tornar a soberania indivisível e duradoura (um único monarca torna a coletividade mais facilmente coesa); terceiro, porque as pessoas mais virtuosas e competentes poderiam ser nomeadas pelo monarca, enquanto, em um regime popular, pessoas pouco qualificadas também poderiam ser escolhidas. É preciso, contudo, tornar visível que Bodin não defende uma monarquia tirânica, pois ele acredita nas leis de todos os homens, da natureza e divinas para nortear a vontade do soberano.[37] O soberano não teria poderes acima de si, exceto os de Deus, os da natureza e os oriundos das leis comuns de todas as nações, únicos comandos que seriam capazes de inspirar os seus atos.[38]

Para Bodin, o soberano não ficava sujeito às normas jurídicas criadas por ele próprio. Como o soberano era competente para

---

35 BODIN, Jean. *Dos seis livros da república*. Disponível em: <http://www.constitution.org/bodin/ bodin_.htm>. Acesso em: 20 dez. 2001. Livro I, cap. VIII.
36 BODIN, op. cit., livro I, cap. X.
37 CHEVALLIER, Jean-Jacques. *Los grandes textos politicos desde Maquiavelo a nuestros días*. Madri: Editora Aguilar, 1965, p. 46-47.
38 HOLSTEIN, op. cit., p. 201.

criar, revogar e alterar as leis, não poderia ficar submetido a elas. Ninguém que estivesse submetido a uma lei ou a uma outra pessoa poderia realizar essas atividades. Bodin entendia que o soberano encontrava-se acima das leis e que, como não estava obrigado a observar as normas emanadas de seu predecessor, não poderia, por razões naturais, ficar condicionado aos ditames por ele próprio instituídos. Assim como o Papa nunca poderia atar suas próprias mãos, o soberano também não poderia ter sua ação restringida por ato decorrente de sua vontade.

Conforme se constata da leitura do capítulo VIII do livro I de seu "*Dos Seis Livros sobre a República*", Bodin considera a soberania perpétua e absoluta.[39]

O poder provisório, ainda que supremo, não era soberano. Uma vez findo o prazo de outorga do poder, voltaria o indivíduo agraciado a estar condicionado à vontade de quem lhe conferira poderes. Por esse motivo, Bodin distinguia a figura do magistrado da do soberano. O magistrado seria um indivíduo que desempenha atribuições por um tempo determinado, enquanto o soberano a exerceria por tempo indeterminado.[40]

Quanto ao termo *absoluto*, ele significa que não haveria como o poder do soberano ser condicionado ou restringido, a menos que as restrições decorressem de leis divinas ou da natureza. Há de se dar relevo ao fato de que Bodin, ainda no capítulo VIII do livro I de sua famosa obra, reconhece que, além das leis de Deus e da natureza, outras normas (elaboradas pelos homens) poderiam condicionar a vontade do soberano. Bodin as denomina leis comuns a todas as nações. Segundo ele:

> *Se insistimos, entretanto, que o poder absoluto significa isenção em relação a toda e qualquer lei, não existe um príncipe no mundo que possa ser considerado soberano, uma vez que todos os*

---
[39] Nguyen Quoc Dinh, Patrick Daillier e Allain Pellet comentam o pensamento de Bodin, nos seguintes termos: "[...] *ao sublinhar que a soberania deve ser una e indivisível, perpétua e suprema, pretende, no contexto político da época, que ela devia ser monopólio de um monarca hereditário*". Op. cit., p. 44.
[40] CHEVALLIER, op. cit., p. 42.

príncipes da Terra estão sujeitos às leis de Deus e às da natureza, e, ainda, a certas leis humanas comuns a todas as nações.⁴¹

Arthur Machado Paupério destaca, de forma precisa, algumas características da soberania na visão de Bodin. Para Paupério, Bodin considera a soberania o poder de impor a lei a todos, o poder de decretar a guerra ou fazer a paz, o de instituir os cargos, o de resolver em última instância e, por fim, o poder de outorgar graças aos condenados.⁴²

Imperioso rememorar que Carré de Malberg critica o fato de Bodin ter identificado a soberania com o poder estatal e, por conseguinte, como um elemento indispensável ao Estado. Segundo Malberg, essa identidade não procede, pois há Estados que não são soberanos. O poder estatal é, este sim, de fato indispensável, pois, sem ele o Estado nada pode realizar. Sem embargo, a soberania não é uma decorrência lógica e necessária de todo poder estatal. Não é a soberania um elemento essencial do Estado, mas tão somente uma qualidade do poder de alguns Estados.⁴³

1.3. A SOBERANIA EM THOMAS HOBBES

De início, é necessário colocar em evidência que o cerne do pensamento de Hobbes (1588-1679) é a instituição de um poder central com a finalidade de abandono da anarquia rumo a um modelo que propicie maior segurança. Essa premissa é relevante e nos faz entender o motivo para a preocupação de Thomas Hobbes girar mais em torno do antagonismo anarquia/unidade do que em relação à antítese opressão/liberdade.

---

41 BODIN, op. cit., livro I, cap. VIII.
42 PAUPÉRIO, Arthur Machado. *Teoria democrática do poder. Teoria democrática da soberania*. Rio de Janeiro: Editora Forense Universitária, 1997, p. 44.
43 "*El error cometido por Bodino y sostenido por sus sucesores consistió en querer dar entrada en la soberanía al contenido positivo de la potestad de Estado [...] Al pretender atribuir a la soberanía tales o cuales poderes determinados, no se dieron cuenta de que entre esos poderes hay algunos que incluso pertenecen al Estado no soberano [...] Así se prepara y se establece la grave confusión que se ha mantenido hasta la época presente y que [...] llevó la doctrina a considerar la soberanía como un elemento indispensable del Estado, cuando ésta no es, a decir verdad, más que un carácter, no esencial, de algunos Estados*". CARRÉ DE MALBERG, op. cit., p. 86-87.

Coube a Hobbes a primazia de desvincular o poder do Estado e do soberano de um fundamento ético-religioso. Mesmo adotando uma noção absolutista do poder do soberano, Hobbes afasta a sua instituição de uma origem divina. Com a finalidade de viabilizar a saída de um *estado de natureza*, caracterizado pela insegurança e guerra de todos contra todos, é que Hobbes vai insistir na necessidade de criação de um poder central, um poder unitário capaz de evitar a destruição do homem por ele próprio. O Estado passa, então, a ter seu surgimento justificado. O grande Leviatã, monstro bíblico descrito no livro de Jó, surgiria como instrumento para a criação de um poder comum, um poder decorrente da renúncia de cada um dos indivíduos de parcela de sua liberdade e independência em favor de uma única pessoa: o soberano. Esse poder único serviria de instrumento para viabilizar a passagem do *estado de natureza* para o *estado civil*.

Há um pacto de união em que todos os súditos aceitam obedecer ao que o detentor do poder determinar. Trata-se, na realidade, de um pacto de submissão (*pactum subjectionis*). Os súditos se submetem à vontade do soberano. Ocorre que o pacto de Hobbes possui uma peculiaridade. Nele não há a celebração de um contrato entre os súditos como um todo e o soberano. No pacto de Hobbes, cada indivíduo é contratante com o outro e cada um se obriga a outorgar poderes a um terceiro que não integra o contrato. Conforme muito bem lembra McClelland, "*men make the Sovereign a beneficiary of the contract, not a contracting party*" (os homens fazem do soberano um beneficiário do contrato, não uma parte contratante).[44] Por não ser parte contratante, o soberano permanece no *estado de natureza* já que não celebrou um pacto com os súditos.

O fato de o pacto ser celebrado individualmente e de não se considerar a totalidade dos súditos acarreta efeitos extremamente relevantes. Uma vez que cada súdito se obriga individualmente, a revogação do pacto unicamente ocorrerá se todos os celebrantes o denunciarem. Se não houver

---
[44] MCCLELLAND, J. S. *A history of western political thought.* Editora Routledge. 1996, p. 197.

unanimidade, inclusive com o consentimento do soberano, não há como revogar o pacto, e, por conseguinte, os poderes atribuídos ao soberano. Quando, por outro lado, um pacto é celebrado entre os súditos e o soberano, basta que a maioria acate a revogação do ajuste. Uma vez que é praticamente impossível obter a unanimidade, para Hobbes o poder soberano seria irrevogável. Bobbio ensina que quando Hobbes defende que o poder soberano é irrevogável, ele se contrapõe à teoria do mandato, que seria mais tarde sustentada, dentre outros, por Locke.[45] Segundo a teoria do mandato, haveria um mandato do povo ao soberano. Essa outorga estaria submetida a limites. Para Hobbes, entretanto, não há que se falar em mandato, uma vez que o pacto é celebrado entre os próprios súditos, sem necessidade de participação do soberano para sua validade.

É interessante notar que a doutrina de Hobbes admite a existência de um contrato celebrado no seio da sociedade. No entanto, esse contrato hobbesiano não servirá para justificar a resistência e desobediência dos súditos no caso de o soberano agir abusivamente. Ao contrário, o contrato terá como função assegurar a necessidade de incondicionada observância dos preceitos ditados pelo soberano. A doutrina do contratualismo, que poderia, em tese, servir para fundamentar uma revogação do pacto entre o soberano e os súditos diante da prática de atos indevidos pelo soberano, em Hobbes acabou por fortalecer o absolutismo e dificultar (ou melhor, impossibilitar) a revogação do pacto de união.

Outro aspecto a merecer destaque na teoria de Hobbes é a sua crença no caráter absoluto da soberania.

O detentor do poder pode exercê-lo sem quaisquer limites.[46] O direito natural não pode servir de obstáculo ao cumprimento

---

45 BOBBIO, Norberto. *Thomas Hobbes.* 2ª reimpressão. Rio de Janeiro: Campus, 1991, p. 45.

46 Acompanhando o pensamento de Hobbes, o jurista inglês John Austin (1790-1859) também vai defender o exercício da soberania de forma ilimitada. Para ele, contudo, o soberano seria considerado o Parlamento. O Parlamento exerceria a soberania estatal por representar o órgão detentor de poderes para criar o direito na Grã-Bretanha e pelo fato de não estar limitado, nas suas ações futuras, pelos preceitos de seus atos normativos. REALE, op. cit., p. 232-233.

dos comandos emanados pelo soberano e, também, não tem autorização, no pensamento de Hobbes, para justificar a desobediência. Ainda que o súdito acredite ser injusta a norma que lhe é imposta, não poderá contra ela se insurgir, porque não cabe ao súdito a tarefa de avaliar a justeza de uma norma jurídica. Essa incumbência é própria do soberano.

O direito natural é uma imposição na consciência do soberano, mas não é capaz de restringir o seu poder. Criado o Estado, não há que se falar em leis naturais, senão naquelas que se tornaram leis civis de acordo com a vontade do soberano.

Na realidade, quando o soberano cria as leis civis, inspira-se no direito natural. Seus atos são, em tese, pautados pelo direito natural. Entretanto, uma vez que as normas jurídicas passam a existir, há uma presunção de que elas estariam em consonância com o direito natural. Hobbes supõe haver um direito natural de que o homem deve deixar-se governar pelas leis criadas pelo soberano. Tudo o que o soberano criasse seria justo, e não poderia o súdito recusar-se a cumprir seus comandos, salvo quando a imposição fosse contrária à sua própria vida. Nesse caso específico, ele poderia negar-se a cumprir a norma, o que, todavia, não reduziria o poder do soberano, que estaria autorizado a determinar o respeito à norma mesmo contra a vontade do súdito.

Na teoria de Thomas Hobbes, o direito natural é, portanto, utilizado como fundamento para o exercício da soberania em caráter absoluto. Nesse contexto, o primeiro direito natural a ser observado seria o relativo ao respeito incondicionado às normas criadas pelo soberano.

Hobbes defendia que a transferência do poder pelos súditos ao soberano seria praticamente total. Só permaneceria com eles o direito à vida, o direito de lutar para preservar a própria vida. Quanto a esse tema, Norberto Bobbio afirma que *"existe, para Hobbes, um direito natural inalienável, o direito à vida, do mesmo modo e com os mesmos efeitos segundo os quais, para Rousseau, é inalienável o direito à liberdade"*.⁴⁷ Essa crença no direito à vida não impede, é bom destacar, que Hobbes aprove a pena de morte: o súdito poderia resistir para preservar sua vida; o que não impedia o soberano de exercer o direito de condenar o súdito à morte.

Hobbes acreditava que o principal objetivo do contrato social seria a proteção da vida de cada cidadão. Seria, portanto, obrigação do soberano manter a paz e proteger a vida dos súditos. Quando o soberano não consegue tutelar a vida dos cidadãos, os seres humanos regridem ao *estado de natureza*.

Se o soberano condena o súdito à morte, o contrato social está rompido, e o súdito tem o direito natural de utilizar todos os meios para lutar contra essa condenação. O soberano pode forçar o súdito a decapitar seu próprio vizinho, mas não pode forçá-lo a colaborar com a própria decapitação. O Estado hobbesiano é um Estado feito para cidadãos livres e não para heróis. Não se prega que o indivíduo aceite a morte em nome da pátria, uma vez que o interesse particular não seria menos importante do que o interesse da coletividade.

Afastando-se de uma posição jusnaturalista, Hobbes esclarece que se houver um soberano que obrigue uma pessoa a matar seu próprio pai que fora condenado, não poderá o filho recusar-se a cumprir tal norma. O filho somente deixa de ficar obrigado ao seu cumprimento se sair do território em que a norma desumana incide.⁴⁸

Em razão da ausência de limites para o exercício da soberania na obra de Hobbes, Norberto Bobbio faz uma crítica de que

---

47 BOBBIO, Norberto. *Thomas Hobbes*. 2ª reimpressão. Rio de Janeiro: Campus, 1991, p. 122.

48 "Suponha que o rei seja um tirano, comandando o súdito a cometer algum ato repugnante. Por exemplo: E se ele me mandar executar o meu pai, com minhas próprias mãos, no caso de meu pai ter sido condenado pelas leis à pena de morte? [...] um súdito deve ser obrigado a obedecer – a obrigação somente será evitada se o súdito sair do país após a entrada em vigor de tal lei e antes da condenação judicial do pai." Tradução livre do seguinte texto: "Suppose that the King is a tyrant, commanding the subject to commit some repugnant act. For example: What if he should command me with my own hands to execute my father, in case he should be condemned to die by the law? (...) a subject would be obligated to obey it – avoiding the obligation only by leaving the country after the passing of such a law and before the father's judicial condemnation." GOLDSMITH, M. M. *The Cambridge Companion to Hobbes*. SORELL, Tom (Org.). Cambridge: University Press, p. 285.

faltaria ao pensador inglês uma teoria do abuso do poder, uma vez que Hobbes não vê como possível o cometimento de abusos pelo soberano.[49]

Em Hobbes, o soberano não peca pelo abuso, mas pela deficiência no uso de seu poder. Se aquele que recebeu poderes para preservar a vida e a segurança dos seus súditos não age como é de se esperar, os súditos poderão buscar a proteção de outro soberano. O poder é entregue ao soberano com a finalidade de que ele impeça o retorno ao *estado de natureza*. No entanto, se o soberano não age para obstar esse retorno ou para tutelar os seus súditos, não merece ser acatado, e os súditos estarão autorizados a procurar outro soberano que seja capaz de melhor evitar o retorno ao *estado de natureza*.[50]

A soberania em Hobbes além de ser absoluta e irrevogável também era indivisível. Não poderia ela ser atribuída a mais de uma pessoa, a mais de um órgão, como igualmente defendia Bodin.

Para Bodin e Hobbes, a soberania estava centrada na ideia de competência para a criação de leis e não permitia uma repartição de poderes. Jellinek informa que "*admitir como posible una división de la soberanía entre varios miembros del Estado, lo considera Hobbes como una doctrina revolucionaria que conduce a la disolución del mismo*".[51] O poder haveria de ser concentrado e expresso por uma única vontade, consubstanciada em uma pessoa ou em um grupo de indivíduos (*corpus*). Somente mais tarde é que se consolidaria a noção de divisão de poderes no Estado.

Com relação a esse tópico, Jorge Miranda chama atenção para o fato de que:

> [...] em Hobbes, pelo contrato social, transfere--se o direito natural absoluto que cada um possui sobre todas as coisas a um príncipe ou a uma assembléia e, assim, constituem-se, ao mesmo

---

49 *Ibidem*, p. 51.
50 Norberto Bobbio tece precisos comentários sobre a possibilidade de resistência no caso de insuficiência de utilização do poder pelo soberano. BOBBIO, Norberto. *Thomas Hobbes*. 2ª reimpressão. Rio de Janeiro: Campus, 1991, p. 51.
51 JELLINEK, op. cit., p. 374.

tempo o Estado e a sujeição a esse príncipe ou a essa assembléia. O único modo de erigir um poder comum, capaz de defender os homens e de lhes assegurar os frutos da terra, consiste em conferir todo o seu poder e força a um homem ou a uma assembléia que reduzirá à unidade a pluralidade de vontades. Através de um só e mesmo acto os homens formam a comunidade e submetem-se a um soberano".[52]

A lei estatal elaborada pelo soberano era a única aplicável, não ficando ele, após criar tais normas, condicionado às leis naturais. Fica afastada qualquer outra fonte normativa que não seja decorrente da própria vontade do soberano.

Hobbes enxergava o homem como inimigo de sua própria espécie e entendia que os seres humanos viviam em estado permanente de guerra. Para Hobbes, dizer que os homens são iguais significa que eles podem querer disputar e alcançar a mesma coisa. A noção de igualdade em Hobbes nos faz, portanto, lembrar a eterna competição entre os homens. A liberdade também é compreendida por Hobbes nesse contexto. Ela seria uma ausência de oposição, uma inexistência de restrições à conduta humana, o que faria originar os conflitos de interesses e, em escala maior, as guerras.

Esse estado de beligerância somente poderia ser controlado mediante a criação de um poder capaz de sujeitar a vontade dos homens ao império das leis. Haveria a necessidade de criação de um poder supremo para que a convivência se tornasse possível.

Hobbes não identifica o direito natural como fonte substantiva de delimitação das condutas do soberano, e esse direito não pode ser invocado para dar origem a um direito de desobediência. Segundo ele, se o direito natural fosse capaz de estabelecer as punições para os súditos, então elas seriam idênticas em todos os lugares do mundo. Como não é isso o que ocorre na prática, Hobbes defende que as punições e todos os comandos devem

---

52 MIRANDA, Jorge. *Teoria do estado e da Constituição*. Rio de Janeiro: Editora Forense, 2002, p. 161-162.

ser definidos pelo soberano, que atuará criando normas e as impondo de acordo com a sua própria consciência.

Valioso lembrar que Hobbes reconhece a existência de um contrato social e do direito natural. Entretanto, esses dois elementos são empregados, ao contrário do que era de se esperar, para reforçar o caráter absoluto e irrevogável do poder, o que torna o pensamento de Hobbes um dos sustentáculos do regime absolutista.

Em Hobbes, é possível constatar a noção de que as normas jurídicas constituem uma expressão de comando de uma autoridade superior em direção aos súditos. Dessa forma, o soberano não fica sujeito à lei que ele próprio cria. Se é ele quem está autorizado a revogar as leis, o soberano pode libertar-se de seus efeitos sempre que entender ser necessário.

Essa ideia de comando superior e absoluto é um dos pilares da teoria de Hobbes. Benjamin Constant lembra, inclusive, que o caráter absoluto da soberania vem a ser a base de todo o seu sistema.[53] Na visão de Hobbes, o soberano teria poderes irrestritos, o que seria corolário de sua existência como autoridade suprema no ordenamento. Ao soberano é dado o poder de dizer o que é justo ou injusto. Se coube ao soberano criar e aplicar a norma, não caberia ao súdito discutir se ela é ou não correta. Conforme realça Goldsmith:

> Para Kelsen, essa autoridade final é a "Grundnorm" (cuja validade é pressuposta), e para Hart é uma última regra de reconhecimento [...]; para Hobbes é um ser humano ou um grupo, comitê ou assembleia de seres humanos. [...] Para Kelsen e Hart, bem como para Hobbes, essa autoridade final é suprema no sentido de que qualquer outra autoridade ou regra dentro do sistema pode ser revogada ou alterada por ela.[54]

---

53 REBECQUE, Henri Benjamin Constant de. *Princípios políticos constitucionais*. Rio de Janeiro: Editora Liber Juris, p. 66.

54 Tradução livre de trecho extraído de GOLDSMITH, M. M. *The Cambridge Companion to Hobbes*. SORELL, Tom (Org.). Cambridge: University Press, p. 278.

Ainda que ocasionalmente o soberano permitisse qualquer limitação do seu poder, mesmo assim ele não deixaria de ser irrestrito, haja vista que, a qualquer momento, ele poderia revogar as disposições normativas que cerceassem o seu campo de atuação.

Mas, então, qual seria o fundamento jurídico do poder do soberano em Hobbes? Podemos concluir que o exercício do poder pelo soberano hobbesiano estaria calcado na lei natural que faz os súditos outorgarem a ele o direito de comandar, o que leva Norberto Bobbio a afirmar que, em Hobbes, "*o fundamento da validade de todo o sistema jurídico positivo é uma lei natural*".[55]

Em Hobbes, também há, assim como em Kelsen, a crença em uma norma que fundamenta todo o sistema. Ocorre que a norma fundamental de Hobbes é uma lei natural, uma lei que determina a transferência dos poderes soberanos a uma pessoa ou a um grupo que estará autorizado a comandar. Apesar dessa crença, é preciso salientar que Hobbes não acredita no poder de vigência do direito natural. A lei natural somente teria o condão de dar suporte ao sistema jurídico.

Depois de criado o *estado civil*, o direito natural não poderia servir de fundamento para o descumprimento das normas jurídicas. Com a saída do *estado de natureza*, a única lei natural a prevalecer no *estado civil* seria a que estatui a necessidade de se obedecer ao Estado. Uma vez constituído o Estado, deixam de produzir efeitos todas as demais leis naturais.

Para Hobbes, a lei natural não vale como norma jurídica, mas unicamente como argumentação lógica. Não servirá para determinar a conduta, mas para demonstrar as razões pelas quais devemos nos conduzir de um modo e não de outro.[56]

Há críticas ao pensamento de Hobbes, que primordialmente originam-se do seu modo de enxergar a soberania como uma autorização para que o investido no poder estatal possa agir

---

[55] BOBBIO, Norberto. *Thomas Hobbes*. 2ª reimpressão. Rio de Janeiro: Campus, 1991, p. 124.
[56] *Ibidem*, p. 126.

irresponsavelmente e de forma independente de qualquer outra vontade. Uma delas surge em decorrência da constatação de que sempre há um momento em que o soberano dependerá de alguém para alcançar os efeitos pretendidos com os seus comandos. É possível afirmar que, no mínimo, o soberano ficará condicionado à vontade de seus súditos para que suas ordens sejam atendidas. Portanto, nesse exato momento, o soberano fica aguardando a decisão de outras pessoas que não ele próprio.

Se o soberano depende da vontade dos seus comandados, então seu poder não é irrestrito, não é irresistível. Pode ser que haja recusa no cumprimento do comando emanado em uma determinada situação, o que enfraquece a noção de poder ilimitado defendida por Hobbes. Demonstrando a necessidade de participação dos súditos no cumprimento de comandos de origem soberana, Goldsmith avulta que:

> Os súditos somente continuarão a obedecer às ordens de punição enquanto tais ordens parecerem ser mais benéficas do que a cessação à sua obediência e, por conseguinte, do que a privação do soberano de sua autoridade.[57]

A despeito das críticas que Hobbes possa sofrer, sua contribuição no estudo da soberania é preciosa e pode, inclusive, ter inspirado o desenvolvimento de teorias mais democráticas da soberania, como a de Jean-Jacques Rousseau, que analisaremos a seguir.

1.4. A SOBERANIA EM ROUSSEAU

Com Rousseau (1712-1778), o conceito de soberania se desprende da noção de exercício irrestrito e absoluto do poder por um único indivíduo (aquele que reinaria em nome de todos), passando a existir a ideia de que o poder soberano deve ser exercido como uma forma de coordenar e compatibilizar

---

[57] Tradução livre do seguinte texto: "*The subjects will continue to obey punishment order only as long as those orders seem generally more beneficial than ceasing to obey them and thus depriving the sovereign of authority.*" GOLDSMITH, M. M. *The Cambridge Companion to Hobbes*. SORELL, Tom (Org.). Cambridge: University Press, p. 281.

interesses e intenções de todos os cidadãos. É um dos primeiros momentos em que realmente se enxerga o poder soberano de baixo para cima, e não do topo para baixo.

Os anseios que surgiram na época de Rousseau deixaram de ser unicamente aqueles relacionados à manutenção de uma ordem jurídica dotada de um poder unitário. O absolutismo já assegurara essa unidade e era preciso seguir adiante. Uma vez centralizado o poder, a preocupação passou a ser com outros valores. Liberdade, igualdade e justiça social também passaram a ser almejados.[58]

Rousseau, segundo Jorge Miranda:

[...] vê no pacto social a alienação total de cada associado, com todos os seus direitos, à comunidade, de sorte que cada um, dando-se a todos, não se dá a ninguém, a condição é igual para todos e cada um ganha o equivalente daquilo que perde e mais força para conservar aquilo que tem.[59]

Pertencendo a todos o poder, é como se não fosse de propriedade de alguém especificamente. A vontade geral é, então, formada com o raciocínio de renúncia de parcela da liberdade individual. Na formação da vontade geral, cada indivíduo ganhará o equivalente ao que perde para sair do *estado de natureza* e terá mais força para preservar os seus direitos uma vez formada a sociedade civil.

A fundamentação de Rousseau do poder soberano na vontade geral o leva a concluir que a soberania seria inalienável e indivisível. Seria inalienável porque a vontade geral "*não pode alienar-se, e* [...] *o soberano* [...] *não pode representar-se senão por si mesmo, podendo o poder ser transmitido, porém, não a vontade*".[60] A indivisibilidade da soberania, por seu turno,

---

58 ZIPPELIUS, Reinhold. *Teoria geral do estado*. 3ª ed. Lisboa: Fundação Calouste Gulbenkian, 1997, p. 165.
59 MIRANDA, op. cit., p. 162.
60 ROUSSEAU, Jean-Jacques. *O contrato social. Princípios de direito político*. Tradução de Antônio de P. Machado. Rio de Janeiro: Ediouro, p. 43.

decorreria do fato de a vontade ter de ser geral e não, apenas, parcial. No dizer de Rousseau, a soberania é indivisível "*porque a vontade é ou não geral: é a de todo o povo ou de uma parte dele. No primeiro caso, esta vontade declarada é um ato de soberania e faz lei, no segundo, é simplesmente uma vontade particular*".[61]

Com vistas a atenuar a intensidade e restringir a amplitude do poder transferido pelos integrantes da comunidade ao soberano, Rousseau defendeu que este último não deveria agir de modo a prejudicar os membros da comunidade e nem ela como um todo. O soberano seria uma força resultante do esforço conjunto de todos os indivíduos que cederam parcelas de suas liberdades individuais e, como tal, somente estaria autorizado a agir em benefício da comunidade. Se a soberania é exercida conforme a vontade geral, a vontade que expressa o sentimento comum e as pretensões gerais de uma coletividade, não poderia ela ser manifestada de forma abusiva.[62] Não haveria excessos do soberano, porque a obediência dos súditos à vontade geral equivaleria à obediência à própria vontade. Aqui, cabe o registro de que, de acordo com Rousseau, o indivíduo teria uma dupla característica. Além de participar da formação da vontade comum, cada indivíduo, também, estaria submetido a ela. Nas palavras de Rousseau, "*perguntar até onde se estendem os direitos respectivos do soberano e dos cidadãos, é inquirir a que ponto estes podem obrigar-se para consigo mesmos, cada um para todos e todos para com cada um*".[63]

Por sua vez, a liberdade era, para Rousseau, inseparável do homem, de modo que não se poderia a ela renunciar.[64] Por essa razão, ele desenvolve sua teoria sustentando que a vontade individual formaria parte da vontade geral. Tendo o indivíduo contribuído para a formação da vontade geral, ele não estaria

---

61   Ibidem, p. 44.
62   A vontade geral de Rousseau não pode ser confundida com uma vontade de todos. Aquela diz respeito a interesses da comunidade, interesses gerais. Esta última, por sua vez, é relativa aos interesses particulares somados de todos os membros da sociedade.
63   ROUSSEAU, op. cit., p. 50.
64   JELLINEK, op. cit., p. 157.

desprovido de sua liberdade, nem mesmo a ela teria renunciado. Sob outro enfoque, embora o contrato social faça o homem perder a sua liberdade encontrada no *estado de natureza* que só tem limites na força natural de cada um, o indivíduo passa a deter uma liberdade civil que só encontra obstáculos estipulados pela vontade geral. Demonstrando a relevância, na teoria de Rousseau, da vontade geral para nortear a condução dos atos estatais e, por conseguinte, a limitação das liberdades civis, Günther Holstein nos ensina que *"sólo la voluntad general puede dirigir las energías del Estado en el sentido de la comunidad"*.[65] Somente a vontade geral é que exprimiria aquilo que deve ser imposto aos cidadãos e o modo como a energia estatal poderá restringir as liberdades individuais.

Carré de Malberg tece críticas à noção contratualista de Rousseau, pois não se poderia falar de um contrato celebrado entre todos os cidadãos, uma vez que há indivíduos que se recusam a aderir à ideia de formação do Estado. Esses opositores não seriam partes contratantes. Por este motivo, Carré de Malberg defende que eles não poderiam ser compelidos a se submeter ao poder soberano. Entretanto, é preciso dizer que esse fato não se verifica na realidade dessa maneira. Mesmo que os opositores não consintam com a organização do Estado, ainda assim estariam submetidos à vontade estatal. Mesmo quem não tenha uma pátria (*Heimatlos*), estará submetido ao poder estatal do local em que se encontrar. Além desse argumento, outros também podem ser apresentados. O fato de o indivíduo contrário à formação do Estado decidir permanecer vivendo em seu território pode significar que os benefícios oriundos da criação do Estado e da sua submissão a ele são maiores do que as desvantagens. Nesse caso, seria defensável a ideia de que haveria uma oposição e resistência apenas aparente e, na verdade, existiria um consentimento tácito do indivíduo quanto à formação do contrato social, o que seria capaz de reforçar a idéia contratualista.

---

65 HOLSTEIN, op. cit., p. 275.

Norberto Bobbio, ao analisar o pensamento de Rousseau, faz sobressair que:

> A ideia-força que move Rousseau é que o Estado será tanto mais perfeito quanto mais a vontade do Estado coincida com a vontade geral. [...] Uma vez instaurado o Estado como expressão da vontade geral, porém, o indivíduo não tem mais motivo para resistir, porque a vontade geral é sempre justa. O cidadão que resistisse à vontade geral é como se resistisse a si mesmo.[66]

Rousseau acreditava não caber ao indivíduo desobedecer aos comandos estatais, mas por fundamentos distintos dos de Hobbes. Para Rousseau, haveria necessidade de obediência, pois o cidadão não poderia recusar-se a cumprir algo que, ao menos em tese, também, teria criado. McClelland confirma essa assertiva ao ensinar que "na condição de súditos, não temos direito de recusar obediência a atos de magistratura tidos como atos delegados da Vontade Geral".[67]

Conferindo suma importância ao modo como a vontade geral é exercida, Rousseau desaconselha a representação política, pois somente o próprio povo poderia decidir, por si mesmo, o seu destino. Para Rousseau, além de o povo ser o titular do poder, teria, também, a titularidade de seu exercício[68] e os representantes, ainda que eleitos, não teriam condições de exercer a soberania popular. Conforme nos traz à memória Carré de Malberg, no dizer de Rousseau:

> La voluntad general no es suscetible de ser representada".[69] Quanto ao tema, Rousseau expressamente afirmava que "a soberania não

---

66 BOBBIO, Norberto. *Direito e estado no pensamento de Emanuel Kant.* 4ª ed. Brasília: Editora UnB, p. 23.
67 Tradução livre do seguinte texto: "*as subjects we have no right to refuse obedience to acts of magistracy as delegated acts of the General Will.*" MCCLELLAND, J. S.. *A history of western political thought.* Editora Routledge, 1996, p. 268.
68 PAUPÉRIO, Arthur Machado. *Teoria democrática do poder. Teoria democrática da soberania.* Rio de Janeiro: Editora Forense Universitária, 1997, p. 38.
69 CARRÉ DE MALBERG, op. cit., p. 918.

pode ser representada, pela mesma razão que não pode ser alheada. Consiste essencialmente na vontade geral, e esta vontade não se representa. É a mesma ou é outra, e nisto não há termo médio. Os deputados do povo não são, pois, nem podem ser, seus representantes [...] quando um povo nomeia representantes, deixa de ser livre.[70]

O povo não poderia emprestar a sua soberania aos seus representantes.

No entanto, o próprio Rousseau reconheceu que a defesa de um regime de democracia direta não seria sustentável no caso de Estados maiores ("não vejo a possibilidade de que o soberano possa conservar os seus direitos se a nação não for muito pequena").[71] Somente pequenos Estados poderiam deixar de fazer uso do regime representativo, pois, em Estados grandes, torna-se impossível reunir periodicamente a população para deliberar sobre os temas estatais. Dessa maneira, embora Rousseau discordasse da representação política, a admitia como uma necessidade puramente prática.

A teoria de Hobbes ganha um contorno mais democrático com Rousseau. Para esse último, há necessidade de participação de cada indivíduo para que um Estado se torne legítimo. Além desse aspecto, a passagem do *estado de natureza* para o civil não acarreta a perda total da liberdade. Rousseau volta sua atenção para o abandono da liberdade existente no *estado de natureza* e a sua retomada no *estado civil*. Com o contrato social, há a substituição da liberdade natural pela liberdade civil. Desse modo, a atuação dos indivíduos de acordo com as leis do Estado lhes proporcionaria liberdade semelhante à existente no *estado de natureza*, não sendo, todavia, essa liberdade civil limitada pelas forças naturais de cada um.

O contrato social que Rousseau imagina também pressupõe renúncia a direitos inerentes ao *estado de natureza*. Ocorre

---

70 ROUSSEAU, op. cit., p. 105 e 107.
71 *Ibidem*, p. 107.

que essa renúncia é feita pelo indivíduo em favor de todos os outros e, também, em favor de si mesmo. Nesse aspecto, Rousseau diverge de Hobbes, pois para Hobbes a transferência dos direitos era feita para um terceiro (o soberano). Essa nova visão de Rousseau o afasta dos absolutistas e o conduz rumo a uma noção mais democrática, uma concepção mais consentânea com a realidade em que vivemos.

1.5. SOBERANIA EM UM MUNDO GLOBALIZADO

O processo de globalização, sendo inevitável e segundo julgamos desejável, tem de ser igualmente um processo responsável; ninguém podendo deixar de ser sensível a um mundo em que cerca de um quinto da população está abaixo do limiar da pobreza. (Manuel Porto)[72]

Durante os últimos anos do século XX, o processo de globalização[73] passou a influenciar intensamente a forma de atuação dos Estados na economia e o modo como eles se relacionam entre si e interagem com seus cidadãos.

No âmbito do comércio, os avanços tecnológicos foram capazes de aproximar negociantes de países longínquos. As constantes inovações das tecnologias acarretaram por um lado fragmentação e disseminação do conhecimento e, por outro, proporcionaram uma maior integração mundial, uma maior aproximação entre os Estados.[74] E, por razões naturais,

---

[72] PORTO, Manuel. Fugir da globalização. *Revista da EMARF da 2ª Região*. Rio de Janeiro, v. 5, Editora América Jurídica, set. 2002, p. 226.

[73] O sentido que pretendemos emprestar ao termo *globalização* é o mais amplo possível, não somente abrangendo o aspecto econômico desse fenômeno, mas todos os efeitos (sociais, culturais, psicológicos etc.) que dele se originam. Sobre distinções entre os termos *globalização* e *mundialização*, pode ser consultada a obra *Poder Constituinte Supranacional* de autoria de Maurício Andreiuolo Rodrigues, p. 23-25.

[74] Nesse sentido, Anthony Smith, que é Professor de *Ethnicity and Nationalism* da London School of Economics and Political Science, afirma que "A revolução da modernização trouxe uma considerável fragmentação, mas também novos meios de comunicação e integração baseados nas novas tecnologias eletrônicas da informação e disseminação." Tradução livre do seguinte texto: "The revolution of modernizaton has brought very considerable fragmentation, but also new modes of communication and integration based on the new electronic technologies of information and dissemination." SMITH, op. cit., p. 4.

a interdependência estatal é uma realidade cada vez mais presente, capaz de afetar diretamente a soberania. Diante da percepção desse panorama, Bertrand Badie oportunamente concluiu que "*o progresso da mundialização tem feito da interdependência um princípio ativo do jogo internacional que contradiz diretamente a própria ideia de soberania*".[75]

Vale o registro de que uma das novidades surgidas com os atuais e revolucionários sistemas de comunicação foi o aparecimento e fortalecimento de grupos sociais com interesses comuns, mas que não representam interesses necessariamente nacionais ou globais. Grupos que surgem e se comunicam pela *internet* e que possuem seus integrantes espalhados pelo mundo são uma realidade. Os interesses de tais grupamentos sociais podem ser completamente indiferentes a um interesse nacional. Como exemplo, podemos imaginar uma associação que busque preservar a cultura dos índios. Em princípio, não há um interesse especificamente nacional ou global envolvido, mas interesses comuns e próprios do grupo, que são mais facilmente propagados em todo o planeta com os recursos tecnológicos existentes.

Nessa realidade, o Estado tornou-se, como acentua Luigi Ferrajoli, "*demasiado grande para as coisas pequenas e demasiado pequeno para as coisas grandes*".[76] O Estado não tem sido capaz de se aproximar como deveria das comunidades locais e também não consegue desempenhar eficazmente todas as suas funções, como a de regular a economia, que afetam e são influenciadas por interesses transnacionais. A constatação da ineficiência estatal, agravada também em razão do crescimento das pretensões dos indivíduos, levou Diogo de Figueiredo Moreira Neto a observar um aspecto marcante da globalização. Segundo o citado jurista, com a globalização "*as populações*

---

[75] Tradução livre do seguinte texto: *Le progrés de la mondialisation ont fait de l'interdépendence un principe actif du jeu international qui contredit directement l'idée même de souveraineté.*" BADIE, Bertrand. *Um monde sans souveraineté. Les états entre ruse et responsabilité.* Paris: Editora Fayard, 1999, p. 10.

[76] FERRAJOLI, op. cit., p. 50.

passam a ter acesso a todo tipo de informação, tomam consciência de seus interesses, reivindicam participação e, cada vez mais, se organizam e exigem eficiência no seu atendimento".[77] No cenário da globalização, portanto, as demandas sociais aumentam e o Estado encontra, cada vez mais, dificuldades para atendê-las.

Por sua vez, a operação dos mercados financeiros em nível global tem como um de seus efeitos o incremento da vulnerabilidade dos países em desenvolvimento, que passam a ter suas economias oscilando com o movimento do capital especulativo.[78] O dinamismo do mercado financeiro cria um ambiente de insegurança econômica, transformando Estados em "ilhas (ou continentes) de investimento". A produção é substituída pela especulação, campo em que o Estado-nação tem dificuldades de adentrar para cumprir o seu papel e dar efetividade às suas normas.

Nesse panorama, a busca universal e incessante por novos consumidores tem acarretado um maior estreitamento das relações de comércio internacional, o que acaba ocasionando alteração significativa de tradicionais conceitos jurídicos, tais como, o de cidadania,[79] autodeterminação dos povos e de soberania.

Os agentes internacionais precisam comprar e vender, eles demandam lucros e mercados consumidores e as fronteiras estatais não mais podem servir de obstáculos aos seus objetivos.

No caso do Estado brasileiro, que tinha como uma de suas características a exígua abertura ao mercado internacional, passou-se a mais facilmente permitir, a partir do início da década de 90 do século passado, o ingresso de capitais estrangeiros, bem

---

77   MOREIRA NETO, Diogo de Figueiredo. Globalização, regionalização, reforma do estado e da Constituição. *Revista de Direito Administrativo*, Rio de Janeiro, v. 211, jan./mar. 1998, p. 2.
78   SENARCLENS, Pierre de. *Mondialisation, souveraineté et théories des relations internationales*. Paris: Editora Armand Colin, 1998, p. 119.
79   Em sua dissertação *Poder constituinte supranacional*, que conferiu a Maurício Andreiuolo Rodrigues o título de Mestre em Direito Público na Faculdade de Direito da UERJ, o autor trata dos contornos da cidadania universal.

como a atuação de organizações transnacionais em atividades antes por ele próprio desempenhadas.

Também em ritmo galopante, o Estado brasileiro, com o objetivo, dentre outros, de fazer perdurar sua política econômica anti-inflacionária, mediante a obtenção de capital estrangeiro, privatizou grande parte de suas empresas públicas e sociedades de economia mista. Nas áreas que atuava diretamente, delegou a particulares atividades de interesse público, e se afastou da função de agente econômico para assumir a de regulador.

A forma de intervenção do Estado na economia modificou-se tanto nos últimos anos, que levou Celso Furtado a afirmar que "se o Brasil mantiver o atual ritmo de endividamento e de privatização desordenada de estatais, estará, em dez anos, sem nenhum patrimônio, o que alterará o caráter do Estado brasileiro, que, em seu perfil atual, poderá acabar".[80] Indubitavelmente a ausência de patrimônio estatal é capaz de interferir, sobremaneira, no modo como a soberania é exercida.

No momento histórico presente, os Estados têm perdido força na área econômica e social. Suas ações já não mais se impõem com a intensidade de antigamente e, se empregadas com excesso, são enxergadas como obstáculos para o livre desempenho dos mercados. Sob outro prisma, os Estados têm sentido uma necessidade de adequar a sua realidade de bem--estar social à realidade internacional, sob pena de não estarem aptos a competir globalmente. Como os Estados não têm mais mecanismos eficientes para controlar os investimentos e a economia de um modo geral, passam a ter de se submeter a inúmeras exigências internacionais e, por conta disso, são as ciências sociais "desafiadas a repensar seu objeto, um objeto vivo, móvel, movediço".[81]

---

[80] FURTADO prevê fim do Estado em uma década. Socialistas internacionais abrem debate no Rio. Jornal do Commercio, 3 ago. 2001. Economia, p. A-6.
[81] IANNI, Octavio. Op. cit., p. 66.

Sobre o tema, são precisas as palavras de Ingo Sarlet:

> *Na medida em que os efeitos negativos da globalização econômica e do neoliberalismo, notadamente os relacionados com o aumento da opressão socioeconômica e da exclusão social, somados ao enfraquecimento do Estado, têm gerado a diminuição da capacidade do poder público de assegurar aos particulares a efetiva fruição dos direitos fundamentais, além de reforçar a dominação do poder econômico sobre as massas de excluídos, verifica-se que até mesmo a noção de cidadania como direito a ter direitos (Celso Lafer) encontra-se sob grave ameaça.* [82]

Ao Estado tem sido, portanto, reservado o papel de mero espectador, ou melhor, de mero árbitro. As autoridades passam a desempenhar seus poderes com extrema dificuldade. Há, inclusive, quem defenda não mais caber falar em "*soberanias nacionais*". O termo correto seria "*autonomias estatais*", com poderes interdependentes entre si e complementares às organizações internacionais.[83]

Especificamente com relação aos documentos internacionais que sobrevivem nessa realidade, vale destacar que a Carta da ONU prevê o respeito à soberania, ao aludir, em seu art. 1º, à igualdade de direitos e à autodeterminação dos povos. Indispensável a menção à igualdade de direitos entre os Estados, pois, caso contrário, não há soberania, mas mera submissão da vontade de um Estado à vontade de outro. A Carta da ONU também estabelece, em seu art. 7º, que nenhum de seus dispositivos autorizará as Nações Unidas a intervir nos assuntos domésticos de qualquer Estado. Somente quando houver necessidade de defesa da paz é que haverá certa relativização dessa noção.

---

[82] SARLET. Ingo Wolfgang. Os direitos fundamentais sociais na Constituição de 1988. In: *O direito público em tempos de crise. Estudos em homenagem a Ruy Ruben Ruschel*, p. 133-135.

[83] Augusto Zimmermann defende esse ponto de vista em *Teoria geral do federalismo democrático*. Rio de Janeiro: Editora Lumen Juris, 1999, p. 19.

A Carta da OEA também não deixa de lado a preocupação com o respeito à soberania estatal. Em seu art. 3º, alínea b, prescreve que a ordem internacional é constituída essencialmente pelo respeito à soberania e à independência dos Estados.

Sem embargo de o respeito à soberania estar previsto em diversos outros pactos internacionais, é notório que o cenário político e econômico atual cria obstáculos para a preservação da sua integridade.

Sob outro prisma, embora haja forte tendência de universalização de determinados direitos, com o consequente deslocamento de competências para além das fronteiras estatais, é preciso ter cautela. O Estado não pode desconsiderar as pretensões de seus nacionais sob o pretexto de que interesses "mundiais" devem ser estimados como mais relevantes. Países extremamente dependentes sob a ótica econômica tornam-se vulneráveis a essas pressões e são propensos, a fim de reduzir suas dificuldades, a harmonizar seu modo de agir às imposições internacionais.

Em suma, a despeito de todo esse cenário acima descrito, entendemos, com apoio nas lições de André-Jean Arnaud, que os Estados continuam a desempenhar relevantes funções e que, portanto, necessitam de meios eficazes para tanto, que devem existir e serem reivindicados no seio de um ambiente democrático e de constante consentimento.[84]

---

[84] ARNAUD, op. cit., p. 43.

Capítulo 2
Aspectos Conceituais da Soberania

2.1 Da Natureza Jurídica da Soberania. Soberania como Princípio? **2.2** Exclusividade Estatal da Soberania. Atributos e Elementos da Soberania. **2.3** Soberania Externa e Soberania Interna. **2.4** Soberania Compartilhada. **2.5** Titularidade da Soberania. **2.6** Poder Constituinte e Soberania. **2.7** A Soberania e o Direito de Intervir.

2.1. DA NATUREZA JURÍDICA DA SOBERANIA. SOBERANIA COMO PRINCÍPIO?

Como se trata de um conceito de natureza eminentemente política, não são muitos os cientistas do Direito que delineiam a natureza jurídica da soberania.

Celso Mello é um dos poucos que lança seu ponto de vista acerca da natureza jurídica da soberania. Para ele:

> Não há uma definição integralmente sólida do que seja a soberania. Este é um conceito jurídico indeterminado. [...] são simples indicações de ordem genérica, dizendo o bastante para tornar claro o que lhe parece essencial, e deixando ao aplicador da norma, no momento da subsunção,

35

quer dizer, quando lhe caiba determinar se o fato singular e concreto com que se defronta corresponde ou não ao modelo abstrato, o cuidado de preencher os claros, de cobrir os espaços em branco.[1]

Parece pertinente a definição do saudoso internacionalista Celso Mello, pois, ao caracterizá-la como um conceito jurídico indeterminado, permite-nos compreender a noção de fluidez histórica que o termo pressupõe.

Além de se tratar de um conceito indeterminado, podemos afirmar que a soberania corresponde, em sua essência, a um princípio. Por permitir a relativização diante do caso concreto, a soberania é um princípio que, no Brasil, recebeu a estatura constitucional de princípio fundante da República.[2] Pode sofrer ponderação com outros princípios e ter, eventualmente, a sua incidência atenuada em razão da prevalência dos valores irradiados de outro princípio em uma determinada situação concreta.

Até mesmo na época em que a monarquia se declarava absolutamente soberana, ainda assim o seu poder era limitado pela vontade divina ou pelas leis da natureza. Havia algo que restringia a esfera de atuação do soberano, mesmo que se considere que a vontade divina e a lei da natureza são expressões de difícil definição. O conceito de soberania não é (e nunca foi) absoluto. No entanto, atualmente, a relativização vem se tornando mais evidente, intensificada pelo fenômeno da globalização. Daí a necessidade de se buscar mecanismos e institutos jurídicos como os princípios, a fim de se delimitar o alcance da soberania no caso concreto.

Chegou-se a um estágio de desenvolvimento da ciência jurídica no Brasil de pleno reconhecimento da densidade

---

1 A soberania através da história. In: *Anuário Direito e Globalização. A soberania*. Editora Renovar, 1999, p. 8.
2 Ricardo Lobo Torres classifica a soberania como *princípio fundante* ou *de legitimidade*, pois ela justifica o ordenamento jurídico e fundamenta a República Federativa do Brasil. In: *Tratado de direito constitucional, financeiro e tributário*. Rio de Janeiro: Renovar, 2000. v. V, p. 140.

normativa dos princípios. Todos os princípios – sem qualquer exceção – são normas jurídicas aptas a produzir efeitos concretos na realidade.

Juristas estrangeiros de peso como Dworkin e Alexy estão entre os responsáveis pela crença na força normativa dos princípios e na sua possibilidade de aplicação atenuada diante da colisão. Diversamente do que ocorre com as regras, que são mais suscetíveis a uma avaliação do tipo *all-or-nothing*,[3] os princípios estão mais propensos a sofrer uma ponderação, de modo que podem incidir nos casos concretos de forma mitigada.

A soberania, que possui uma abstração inerente ao seu próprio conceito,[4] também está sujeita à ponderação. Seja como princípio ou como conceito jurídico indeterminado,[5] a compreensão dos limites da soberania exige, como em qualquer ponderação de interesses, *"o recurso ao pensamento tópico argumentativo, pois o ordenamento constitucional não apresenta uma resposta pronta para cada conflito entre princípios, que possa ser abstratamente inferida do sistema"*.[6]

---

3 *"As regras são aplicáveis na base do tudo-ou-nada. Caso se apresentem os fatos estipulados por uma regra, a regra poderá ser válida, situação em que a resposta que ela fornece deverá ser aceita, ou ela poderá não ser válida, hipótese em que ela em nada contribuirá para a decisão"*. Tradução livre do seguinte texto: *"Rules are applicable in an all-or-nothing fashion. If the facts a rule stipulates are given, then either the rule is valid, in which case the answer it supplies must be accepted, or it is not, in which case it contributes nothing to the decision"*. DWORKIN, Ronald. *Taking rights seriously*. Harvard University Press. Cambridge, Massachusetts, 1999, p. 24.

4 Alfred Verdross conceitua o Estado soberano como *"una comunidad humana perfecta y permanente que se gobierna plenamente a sí misma, está vinculada a un ordenamiento jurídico funcionando regularmente en un determinado territorio y en inmediata conexión con el D. I., cuyas normas, en general, respeta"*. VERDROSS, Alfred. *Derecho internacional publico*. 4ª ed. Madrid: Editora Aguilar, 1963, p. 134. No Brasil, Arthur Machado Paupério define a soberania como "[...] *a qualidade do poder supremo do Estado de não ser obrigado ou determinado senão pela sua própria vontade, dentro da esfera de sua competência e dos limites superiores do Direito"*. PAUPÉRIO, Arthur Machado. *Teoria democrática do poder. Teoria democrática da soberania*. Rio de Janeiro: Editora Forense Universitária, 1997. v. 2, p. 137.

5 Em seu artigo A soberania através da história. In: *Anuário Direito e Globalização. A soberania*. Editora Renovar. 1999, p. 8, Celso Mello entende que a soberania seria um conceito jurídico indeterminado, o que, saliente-se, não exclui sua classificação como princípio constitucional.

6 SARMENTO, Daniel. *A ponderação de interesses na Constituição Federal*. Rio de Janeiro: Editora Lumen Juris, 2000, p. 133.

Conforme destacamos em outro trabalho,[7] os princípios, para Alexy,[8] veiculam mandados de otimização (*Optimierungsgebote*). Os princípios cumprem o papel de apresentar a melhor solução para um dado problema, mas não a única existente. Nesse contexto, um certo princípio terá maior ou menor aplicação, em razão da sua incidência tópica e concreta. De acordo com a definição de Crisafulli:

> *Princípio é, com efeito, toda norma jurídica, enquanto considerada como determinante de uma ou de muitas outras subordinadas, que a pressupõem, desenvolvendo e especificando ulteriormente o preceito em direções mais particulares (menos gerais), das quais determinam, e, portanto, resumem, potencialmente, o conteúdo: sejam, pois, estas efetivamente postas, sejam, ao contrário, apenas dedutíveis do respectivo princípio geral que as contém.*[9]

Os princípios possuem um caráter de maior generalidade e abstração. São normas jurídicas que podem ser cumpridas em diversos graus de intensidade. As situações fáticas e as previsões normativas é que serão responsáveis pela medida de incidência de cada princípio.

O momento de surgimento de cada princípio no ordenamento jurídico é impreciso, eis que seu nascimento decorrerá da interpretação de diversas normas. Mesmo que um princípio esteja expresso no ordenamento jurídico, como no caso do princípio da soberania, ainda assim não será possível afirmar que esse princípio somente tenha surgido a partir da sua previsão constitucional. Mesmo antes de estar estampado na Constituição, ele poderia ser sustentado com base na

---

7 ARAÚJO, Valter Shuenquener de. Hierarquização axiológica de princípios. Relativização do princípio da dignidade da pessoa e o postulado da preservação do contrato social. *Revista de Direito da Procuradoria-Geral do Estado do Rio de Janeiro*, Rio de Janeiro, v. 55, p. 82-100, 2002.

8 Cf. ALEXY, Robert. *Teoria de los derechos fundamentales*. Tradução de Ernesto Garzón Valdés. Madri: Centro de Estúdios Constitucionales, 1993.

9 In: *La Costituzione e le sue dispozioni di principio*, Milão, 1952, p. 15, *apud* BONAVIDES, Paulo. *Curso de direito constitucional*. 10ª ed. São Paulo: Editora Malheiros, p. 230.

interpretação das normas jurídicas, o que impossibilita datar o seu aparecimento.

Com relação às regras, a mesma situação não ocorre. É que o momento em que uma regra é criada, por meio do instrumento adequado de introdução de norma jurídica, será preciso no tempo e no espaço.

Inúmeras regras dispõem sobre a soberania e os contornos desse princípio não podem ser depreendidos a partir de uma única hipótese normativa. Sua concretização dependerá da avaliação dos interesses colocados em testilha. Somente após a ponderação da soberania com outros princípios é que ela será dimensionada.

Como salienta Paulo Bonavides,[10] com base nos ensinamentos de Friedrich Müller:[11]

> *O texto da norma não contém [...] a normatividade e sua estrutura material concreta.*
>
> *Cinge-se tão somente, dentro em sua moldura, a dirigir e limitar as possibilidades legais de uma determinada concretização material do direito.*
>
> *Não possui o texto uma importância inerente nele, de modo que só toma sentido quando posto numa operação ativa de concretização.*

Nesse contexto, podemos dar relevo ao fato de que o princípio da soberania não deve ser entendido, por exemplo, como hábil a, em toda e qualquer situação, impedir a celebração de tratados internacionais. A assinatura de tais pactos não necessariamente violará a soberania, pois há outros princípios que também impulsionam a ação estatal, tais como, no caso do Brasil, o princípio da cooperação entre os povos para o progresso da humanidade.[12]

---

10 BONAVIDES, Paulo. *Curso de direito constitucional*. 10ª ed., rev., atual. e ampl. São Paulo: Editora Malheiros, 2000, p. 144-145.
11 MÜLLER, Friedrich. *Rechtsstaatliche form, demokratische politik-beitrage zu offentlichen recht, methodik, rechts-und staatstheorie*. Berlim, 1977, p. 146.
12 Art. 4º da CRFB:
"*A República Federativa do Brasil rege-se nas suas relações internacionais pelos seguintes princípios:*
[...]
IX – cooperação entre os povos para o progresso da humanidade".

Seja como conceito jurídico indeterminado, seja como princípio de Direito, a soberania apresenta um ponto em comum com os dois institutos. É que eles realçam a ideia de relativização, noção essa sabidamente inerente à soberania. Nesse sentido, Celso Mello afirma o seguinte:

> Fala-se ainda em soberania absoluta, quando na verdade esta jamais existiu. O próprio Jean Bodin, como vimos, admitiu a limitação pelo direito natural e o Direito das gentes. A expressão soberania absoluta pode ter valor no discurso político, mas não na realidade da vida internacional. [...] Nunca houve de fato uma soberania absoluta, a não ser na cabeça dos juristas [...].[13]

Trazendo um exemplo do direito positivo capaz de confirmar a relatividade do conceito de soberania, isto é, suficiente para demonstrar a possibilidade de restrição dos poderes inerentes à soberania estatal com o fito de se preservar outros valores, lembramos que a Constituição Francesa de 27 de outubro de 1946 possui, em seu preâmbulo, a menção de que, desde que haja reciprocidade, a França aceitará limitações à sua soberania que sejam necessárias para a organização e defesa da paz.

Na doutrina europeia, Hans Kelsen, ao analisar a tese de doutorado de Umberto Campagnolo, criticou a caracterização da soberania como absoluta e onipotente. Segundo Kelsen:

> Uma autoridade não pode ser absoluta se o é somente com relação a certos sujeitos, como acontece para a autoridade do Estado e para sua soberania, que é tal somente em relação aos próprios súditos. Nem se pode falar de onipotência se o poder do Estado limita-se somente aos próprios súditos, sem estender-se aos súditos de outros Estados.[14]

---

13 MELLO, Celso Duvivier de Albuquerque. A soberania através da história. In: *Anuário, Direito e Globalização. A soberania*. Rio de Janeiro: Renovar, 1999, p. 140.
14 KELSEN, Hans; CAMPAGNOLO, Umberto; LOSANO, Mario G. (Org.). *Direito internacional e estado soberano*. São Paulo: Editora Martins Fontes, 2002, p. 122.

Portanto, o caráter relativo da soberania se justifica não somente em razão da existência de limites objetivos (materiais), mas, também, em decorrência da verificação de limites subjetivos, conforme demonstrou Kelsen. A soberania não é absoluta, porque não pode ir além de determinados limites materiais e, conforme defende Kelsen, não é absoluta e onipotente, porque não é capaz de obrigar todas as pessoas, mas tão somente os súditos do soberano.

Cumpre frisar que, mesmo em relação aos súditos, a soberania não é exercida irrestritamente e sem levar em consideração a sua vontade. Qualquer poder dependerá ao menos de uma outra vontade, que é a do comandado. Não existe um poder tão absoluto que seja capaz de se desprender plenamente de toda e qualquer manifestação de vontade, especialmente a do súdito.

Em razão de a soberania possuir uma relatividade inerente a todo e qualquer princípio, saber se um determinado Estado ou se o seu ordenamento jurídico é ou não soberano revela-se, por vezes, uma penosa tarefa. A soberania não é identificada da mesma forma que um fenômeno das ciências naturais e possui variações capazes de nublar a visão crítica do seu observador. Levando em consideração esse aspecto, Kelsen afirmou que:

> *La cuestión de si el Estado o el orden jurídico del mismo, es o no soberano, no se puede formular y contestar de la misma manera que la cuestión de si una cosa física o un elemento químico, por ejemplo, tiene ciertas características; porque el Estado no es un objeto de la naturaleza, no es un ser natural.*[15]

Daí não ser tão simples para o cientista do Direito descobrir se o Estado, algo que não surgiu como um fenômeno da natureza, está efetivamente agindo em grau supremo e exercendo plenamente sua soberania. Com efeito, uma consequência relevante da descaracterização da soberania como um

---

15 KELSEN, Hans. *Derecho y paz en las relaciones internacionales*. México: Fondo de Cultura Economica, 1943, p. 104.

fenômeno das ciências exatas é o afastamento de seu caráter absoluto e ilimitado, eis que a soberania, como fenômeno das ciências sociais que é, será passível de mutações, restrições e condicionamentos no seu exercício.

Alf Ross salienta, por sua vez, que nos países escandinavos, bem como na Europa do ocidente de um modo geral, não há qualquer veneração (*worship*) à soberania absoluta e ilimitada ou mesmo ao nacionalismo irrestrito. Lá, a preocupação é de promoção da integração de todas as nações em uma comunidade universal que possa se desenvolver com base no bem-estar social e na democracia.[16] Apesar desse aspecto, é sempre bom recordar que o passado relativamente recente da Europa demonstrou que a realidade nem sempre foi essa e que o nacionalismo pode ter repercussões negativas e pode ser empregado com o equivocado objetivo de assegurar mobilização social para a defesa de ideias desumanas, ideias que acabam nutrindo a consciência nacional (*Volksgeist*) sem uma maior apreciação crítica e resistência.

2.2. EXCLUSIVIDADE ESTATAL DA SOBERANIA. ATRIBUTOS E ELEMENTOS DA SOBERANIA

Uma característica da soberania que tem sido destacada pela doutrina é a de que ela seria um atributo exclusivo do Estado. Igrejas, organizações internacionais, instituições multilaterais e grupos de pressão, ainda que porventura possuam um gigantesco poder, não seriam soberanos. Como o Estado seria o único senhor de seus atos, pelo fato de sua criação depender de sua própria vontade, somente ele poderia ser soberano.[17] Veja-se,

---

16 ROSS, Alf; LARSON, Arthur (Coord.); JENKS, C. Wilfred (Coord.) e outros. Scandinavian law. In: *Sovereignty within the law*. Editora Stevens & Sons Limited, 1965, p. 122.

17 Em seu livro *Curso de direito constitucional tributário*, p. 65, Roque Antônio Carraza faz menção ao pensamento de Eduardo García de Enterria, *Curso de derecho administrativo*, v. I, Madrid, editora Civitas, p. 196, nos seguintes termos: "*O Estado é uma pessoa jurídica originária, não criada por nenhum outro sujeito, o qual o diferencia das demais Administrações, que devem sua personificação precisamente a outra administração ou eventualmente à lei. Este caráter originário não quer dizer que a administração estatal tenha surgido do nada, ou que participe do atributo divino de não ser criada, mas sim que surge juridicamente da Constituição, como ato fundamental de um ordenamento*".

por todos, o entendimento de Carré de Malberg, para quem "*sólo el Estado puede ser soberano*".[18]

A despeito de fortes argumentos que possam ser lançados em sentido contrário, parece-nos que tem havido uma modificação no que concerne à exclusividade estatal do exercício da soberania. A União Europeia, por exemplo, que não se caracteriza como uma entidade estatal, parece exercer soberania nas matérias de cunho comunitário. Outro exemplo seria o caso da OMC (Organização Mundial do Comércio), atuante desde 1º de janeiro de 1995. Com ela, os Estados abdicaram de grande parte de suas competências, e a OMC passou a ser soberana no âmbito da política comercial externa de seus membros.[19]

Pensamos que o fato de a União Europeia e a OMC não possuírem força policial própria para assegurar o cumprimento de suas decisões não é suficiente para impedir que outros mecanismos de coerção sejam utilizados. Essa limitação não seria razão para obstar o exercício soberano de suas competências. Esses entes podem dar efetividade às suas normas com o emprego de outros recursos mais eficazes do que o emprego de força militar. À guisa de ilustração, citamos a eventual imposição de restrições à economia de um determinado Estado. Por outro lado, a força militar dos próprios Estados poderá, por exemplo, ser empregada para assegurar o cumprimento de decisões oriundas da União Europeia.

O fato de instituições como a União Europeia derivarem suas competências dos Estados que as criaram também não é capaz de afastar o reconhecimento do exercício de seus poderes de forma soberana. A criação e o reconhecimento de um órgão por uma ou por várias entidades externas a ele não afasta o caráter soberano do ente ou órgão criado, se ele exerce suas competências de forma autônoma e independente. Os Estados, também, necessitam ser reconhecidos pela comunidade

---

18 CARRÉ DE MALBERG, op. cit., p. 83.
19 PEREIRA, Ana Cristina Paulo. Organização mundial do comércio: uma ameaça à soberania estatal? In: *Anuário Direito e Globalização. A soberania*. Rio de Janeiro: Renovar, 1999, p. 109.

43

internacional para que possam ser soberanos. Haverá, sempre, uma fonte exterior de autorização do exercício da soberania, mesmo em relação aos Estados. Por essa razão, a existência de uma autorização dos Estados para que a União Europeia possa, por exemplo, exercer sua soberania não é suficiente para retirar dessa comunidade o caráter de soberana.

Mesmo reconhecendo a existência de posicionamentos em sentido distinto do apresentado,[20] parece-nos que os exemplos acima demonstram ser possível verificar que a soberania deixa de ser um atributo de exclusividade do Estado.[21] O poder estatal (*Staatsgewalt*) não pode ser tido como equivalente nem se confundir com a soberania (*Souveranität*). Os dois conceitos tratam de coisas distintas. Se, por um lado, o poder estatal, como lembra Jellinek, pode não ser soberano, uma vez que existem Estados que não possuem esse atributo,[22] por outro lado, a soberania pode ser exercida por outros entes que não o Estado.

O próprio Kelsen reconhece que o Estado somente será soberano se for ele, por força de seu ordenamento, a mais alta autoridade. Caso contrário, isto é, havendo uma autoridade superior ao Estado, ela é que será soberana.[23] A soberania seria, portanto, uma característica própria do ordenamento jurídico, e não do Estado ("*Souveranität (...) ist nur eine Eigenschaft der Rechtsordnung*").[24]

Dessa forma, a soberania somente poderia ser enxergada como um atributo exclusivo do Estado se o ordenamento jurídico se confundisse com o Estado. Segundo Kelsen, caso se considere

---

20 Consulte REIS, Márcio Monteiro. O Estado contemporâneo e a noção de soberania. In: *Anuário Direito e Globalização. A Soberania*. Editora Renovar, 1999, p. 284.
21 Reinhold Zippelius esclarece que "*foram concedidos certos direitos de soberania a determinadas organizações supranacionais*". Op. cit., p. 90.
22 JELLINEK, op. cit., p. 367.
23 "*La cuestión de si un Estado es soberano significa más bien la pregunta sobre si concebimos que el ordenamiento del Estado es de grado supremo. [...] El Estado es soberano si lo consideramos así, si consideramos el ordenamiento del Estado como el más alto. No es soberano si partimos de otro supuesto*". KELSEN, Hans. *Derecho y paz en las relaciones internacionales*. México: Fondo de Cultura Economica, 1943, p. 104.
24 KELSEN, Hans. *Das problem der souveranität und die theorie des völkerrechts. beitrag zu einer reinen rechtslehre*. Reinheim: Scientia Aalen, 1960, p. 36.

que os dois (ordenamento jurídico e Estado) possuem o mesmo significado, a soberania será, nesse caso, uma característica estatal. Por outro lado, se não houver essa identidade, como de fato não deve haver, pois o ordenamento jurídico é algo distinto do Estado, a soberania deixa de ser necessariamente um atributo estatal.[25]

Nesse contexto, a consideração do ordenamento jurídico como soberano, como o fez Kelsen, acaba por permitir que a outros entes (que não o Estado) seja atribuído um poder autônomo e independente. Outras instituições, tais como órgãos supranacionais, poderão receber do ordenamento o atributo da soberania.

A doutrina propagada por Hermann Heller também possibilita a adoção de um posicionamento semelhante ao acima exposto. Para Heller, a soberania era vista como um poder de decisão universal em um determinado território.[26] Seria soberano aquele Estado que possuísse uma unidade de decisão universal em seu território ("*Ist ein Staat souverän, so ist er universale Entscheidungseinheit auf seinem Gebiet*").[27] Ocorre que, nos dias de hoje, existem esferas de competência que são subtraídas do poder estatal. Instituições como a União Europeia, por exemplo,

---

25 "*A consideração da soberania como uma característica do Estado somente pode ter validade, uma vez reconhecido o Estado como ordenamento e reconhecida a identidade deste ordenamento com o ordenamento jurídico. Por outro lado, diante de um conceito de Estado com significado distinto do de ordenamento jurídico, será preciso realçar com firmeza que a soberania somente é uma característica do ordenamento jurídico e não do Estado*". Tradução livre do seguinte texto: "*Daβ Souveränität eine Eigenschaft des Staates sei [...] kann nur insoferne Geltung haben, als der Staat als Ordnung und die Identität dieser Ordnung mit der Rechtsordnung erkannt wird. Bei jeder anderen, von der Rechtsordnung verschiedenen Bedeutung der Staatsbegriffes müβte mit Entschiedenheit betont werden, daβ Souveränität nur eine Eigenschaft der Rechtsordnung, nicht aber des Staates sei*". KELSEN, Hans. *Das problem der souveranität und die theorie des völkerrechts. Beitrag zu einer reinen rechtslehre.* Reinheim: Scientia Aalen, 1960, p. 16.

26 Segundo Hermann Heller, "*A afirmação de que o Estado é soberano significa que ele possui [...] uma unidade de decisão no território que é universal e eficaz. [...] O resultado deste trabalho constrói a seguinte tese: A soberania é a qualidade de uma decisão universal no território*". Tradução livre do seguinte texto: "*Der Staat ist souverän, bedeutet, daβ er [...] wirksame universale Gebietsentscheidungseinheit ist. [...] Die Resultat dieser Arbeit bildet die These: Souveränität ist die Eigenschaft einer universalen Gebietsentscheidung*". HELLER, Hermann. *Die souveranität. ein beitrag zur theorie des staats-und völkerrechts.* Berlim e Leipzig: Walter de Gruyter & Co., 1927, p. 118 e 161.

27 *Ibidem*, p. 118.

passam a assumir determinadas competências e isso esvazia a noção de Heller de universalidade estatal de decisão. Com o passar dos anos, a definição de Heller, que foi concebida após a Primeira Guerra Mundial, passa a não ser adequada à realidade encontrada atualmente. Como se torna difícil identificar uma competência universal do Estado sobre todo o seu território, fica reforçada a tese do exercício da soberania por entes que não o Estado.

Nesse mesmo sentido do que temos defendido, Lenio Streck e José Luís Bolzan de Morais sustentam que o conceito de soberania, por ser mais amplo, não pode ser reduzido de modo a, apenas, corresponder à noção de soberania estatal. Soberania seria uma qualidade do poder e não unicamente uma característica do poder de determinados Estados. De acordo com esses autores, que reforçam o seu entendimento empregando as palavras de Celso Fernandes Campilongo:[28]

> O discurso no plano da teoria geral do direito [...] reconhece que os cidadãos de cada Estado podem ser destinatários de normas de muitos ordenamentos soberanos não estatais, e admite, por isso, o reconhecimento de um pluralismo de ordenamentos soberanos, entre os quais se inclui o ordenamento estatal. É um problema apresentado pela crise do conceito atual de soberania do Estado, em virtude da proliferação de ordenamentos soberanos transnacionais, paralelamente ao do Estado.[29]

Mas, será que no âmbito da estrutura estatal somente o Estado seria soberano? E os Estados-membros e Municípios? Nesse momento, a fim de respondermos a essa indagação, é necessário considerarmos a premissa de que os Estados, assim como os Estados-membros e Municípios, também estão

---

28 CAMPILONGO, Celso Fernandes. *Direito e democracia*. São Paulo: Max Limonad, 1997, p. 99-100.
29 STRECK, Lenio Luiz; MORAIS, José Luís Bolzan de. *Ciência política e teoria geral do estado*. 2ª ed. rev. e ampl. Porto Alegre: Livraria do Advogado, 2001, p. 157.

submetidos a normas elaboradas além de suas fronteiras: tornam-se submetidos a normas de Direito Internacional. Em razão dessa submissão, Verdross lembra que Kelsen chega a afirmar não haver diferença, no que tange à soberania, entre um Município e um Estado, pois ambos estariam submetidos a um ordenamento superior. O Município estaria vinculado ao ordenamento do Estado e este último ao Direito Internacional Público.[30] Tanto o Estado quanto os Estados-membros representariam ordenamentos parciais e estariam submetidos a um ordenamento superior.[31]

Nesse ponto, damos razão a Verdross que tece críticas ao posicionamento de Kelsen.[32] Entendemos que, dentre as esferas estatais de poder, somente o Estado é que será soberano. Estados-membros e Municípios não se caracterizam como entes soberanos, mas autônomos. Os Estados-membros e Municípios são, de certa medida, capazes de se governar, de se organizar e de estruturar a sua própria administração. Entretanto, isso é feito com fundamento em um ordenamento jurídico criado pelo Estado, isto é, uma instância superior aos Estados--membros e Municípios. Como existe essa instância superior no próprio âmbito interno, não parece ser possível considerar os Estados-membros e Municípios como soberanos. O Estado, por sua vez, obriga-se e exerce seus poderes com fundamento no ordenamento jurídico por ele próprio criado, ainda que submetido a normas de Direito Internacional Público. Nesse mesmo sentido, Zippelius afirma que:

> Os Estados membros que constituem o Estado federal não dispõem, pois, da soberania global das competências"[33] e Carré de Malberg sustenta que "no es posible, pues, admitir en el Estado federal un repartimiento de la soberanía, ni tampoco la concurrencia de dos soberanías

---
30 VERDROSS, op. cit., p. 10.
31 GARCÍA-PELAYO, Manuel. *Derecho constitucional comparado*. Madrid: Alianza editorial, 1984, p. 228.
32 VERDROSS, op. cit., p. 10.
33 ZIPPELIUS, op. cit., p. 83.

distintas. Tampoco es exacto decir [...] que el Estado federal y el Estado miembro [...] son Estados iguales [...].[34]

Há, ainda, outros argumentos que reforçam a tese de que esses entes da Federação não seriam soberanos. À guisa de ilustração, podemos citar o de que a soberania estatal teria como pressuposto uma relação imediata do ente soberano com a ordem internacional, isto é, um vínculo sem intermediários. Os Estados-membros e Municípios não seriam soberanos por não possuírem uma representação direta nesse âmbito, uma vez que suas pretensões são externadas além das fronteiras do território nacional pelo próprio Estado federal. Adotando essas premissas, Celso Mello defende que o:

> *Estado soberano deve ser entendido como sendo aquele que se encontra subordinado direta e imediatamente à ordem jurídica internacional sem que exista entre ele e o DIP qualquer outra coletividade de permeio*.[35]

Além disso, os atos criados e praticados pelos Estados-membros e Municípios podem ser revistos por órgãos superiores do Estado, por órgãos externos às estruturas daqueles como, por exemplo, no caso brasileiro, o Supremo Tribunal Federal. Já com relação ao Estado, não há, no âmbito do Direito interno, uma instância de revisão superior à sua estrutura. Acompanhando a tese da necessidade de o poder soberano se manifestar em último grau no âmbito interno, Miguel Reale afirma que "*a soberania é [...] um poder que decide em última instância*".[36]

Sem embargo desses registros, cumpre afirmar que há posicionamentos distintos na doutrina. Dentre eles, merece destaque a *teoria da dupla soberania*, doutrinariamente tratada pela primeira vez na consagrada obra *O Federalista* de Alexander Hamilton, James Madison e John Jay. De acordo com tal teoria,

---
34 CARRÉ DE MALBERG, op. cit., p. 143.
35 MELLO, Celso Duvivier de Albuquerque. *Direito internacional econômico*. Rio de Janeiro: Renovar, 1993, p. 47.
36 REALE, op. cit., p. 337.

tanto o Estado Federal quanto o Estado-membro exerceriam poderes soberanos. Dentro da sua esfera de competência, a Federação seria soberana e os Estados-membros seriam igualmente soberanos em relação às suas competências.³⁷ Essa teoria da dupla soberania encontrou resistências, pois, conforme aponta García-Pelayo, entrava em contradição com as noções de indivisibilidade e exclusividade da soberania.³⁸ Reforçando a ideia de contradição da teoria da dupla soberania, Hermann Heller afirma ser impossível a existência de duas unidades soberanas de decisão sobre o mesmo território ("*Unmöglich sind aber zwei souveräne Entscheidungseinheiten auf dem gleichen Gebiet*").³⁹

Feitas essas considerações, passamos a analisar os atributos da soberania, que, para a doutrina clássica, capitaneada aqui no Brasil por Arthur Machado Paupério, seriam quatro: unidade, indivisibilidade, inalienabilidade e imprescritibilidade.⁴⁰

A unidade significa que não podem existir variadas soberanias em um mesmo território. Caso esse fato ocorresse, a noção de soberania estaria prejudicada, pois haveria diversos poderes supremos com idênticas atribuições em um mesmo local, o que é difícil de imaginar. Hermann Heller assevera que o Estado, que possui um caráter de unidade soberana de ação e decisão, encontra-se acima de todas as demais unidades de poder que existem em seu território. Possui o poder para impor a sua vontade.⁴¹ Segundo Zippelius:

> *Caso existissem, no território do Estado, competências soberanas autónomas de que nenhum órgão estatal pudesse dispor, o poder do Estado via-se privado, ex definitione, da supremacia das competências e, conseqüentemente, da sobe-*

---
37 GARCÍA-PELAYO, op. cit., p. 221.
38 *Ibidem*, p. 222.
39 HELLER, Hermann. *Die souveranität. Ein beitrag zur theorie des staats und völkerrechts*. Berlim e Leipzig: Walter de Gruyter & Co., 1927, p. 110.
40 PAUPÉRIO, Arthur Machado. *Teoria democrática do poder. Teoria democrática do estado*. Rio de Janeiro: Editora Forense Universitária, 1997, p. 15.
41 HELLER, Hermann. *Teoria del estado*. Versão espanhola de Luis Tobío. 5ª ed. em espanhol. México: Fondo de Cultura Económica. 1963, p. 255.

rania. Soberania e unidade do poder do Estado encontram-se, portanto, interligadas.⁴²

No entanto, a unidade do poder não deve ser compreendida como unidade da vontade. A expressão da unidade será resultante da variedade de forças encontradas no seio da sociedade. A diversidade de vontades se consolidará e concentrará, seja pela coerção ou pela persuasão, de forma a expressar uma única ação, um comando unidirecional.

Com relação ao atributo da indivisibilidade, há de se destacar que a soberania é indivisível porque é una. Ainda que cada atributo tenha suas peculiaridades, todos estão estreitamente relacionados. Jellinek chama atenção para o fato de que *"pueden existir varios Estados soberanos, pero no pueden ser titulares del mismo poder de un Estado"*.⁴³ Um Estado não estaria autorizado a transferir parcela de sua soberania, a fim de dividir competências sobre uma mesma matéria e mesmo território com um outro Estado, órgão ou ente externo.

É bom lembrar que não existem óbices para a ocorrência de desmembramentos da soberania, que se verificam, inclusive, quando novos Estados são criados a partir de um já existente. O que não deve ocorrer é o exercício simultâneo por Estados distintos das mesmas competências sobre um mesmo território.

Para representar uma vontade geral, a soberania não pode sofrer divisão. Ou ela existe por inteiro, ou o Estado não possui soberania. Isso não significa, todavia, que a soberania não possa ser exercida de forma dividida por órgãos distintos do próprio Estado (Executivo, Legislativo e Judiciário). Com esse pensamento, Darcy Azambuja pontificou que a soberania *"é indivisível quanto à sua natureza e essência, mas pode ser divisível no objeto e no exercício, isto é, o poder soberano pode ser exercido por vários indivíduos ou órgãos do Estado de acordo com a respectiva Constituição"*.⁴⁴ A indivisibilidade também não

---

42 ZIPPELIUS, op. cit., p. 80.
43 JELLINEK, op. cit., p. 373.
44 AZAMBUJA, op. cit., p. 94.

impede que determinadas competências sejam transferidas para outros órgãos até mesmo externos ao Estado, tal como ocorre no exemplo da União Europeia. Nesse caso, as competências que forem transferidas para o órgão externo deixarão de ser exercidas pelo Estado, mas este terá competência sobre certas matérias em relação às quais o órgão externo não poderá imiscuir-se.

Não há um compartilhamento, mas sim um desmembramento da soberania. Será ela desmembrada entre o órgão externo e o Estado. No entanto, após ocorrer o desmembramento, a soberania continua a ser exercida de forma indivisível tanto pelo Estado quanto pelo órgão externo. A União Europeia não poderia, por exemplo, compartilhar sua esfera específica de competências com um Estado ou com um outro órgão a ela estranho, pois esse compartilhamento violaria o caráter da indivisibilidade da soberania.

Por seu turno, o atributo da inalienabilidade diz respeito à impossibilidade de a soberania ser transferida a título gratuito ou oneroso. Ela é agregada ao Estado ou ao órgão que a detém. Desde Rousseau já se alude a esse atributo da soberania, pois, segundo ele, a soberania seria o exercício da vontade geral e esta não poderia ser alienada.

Quanto ao atributo da imprescritibilidade, ele diz respeito à reivindicação da soberania. A soberania pode ser exercida a qualquer momento e não está sujeita ao perecimento pelo seu não exercício durante longo decurso de tempo.

Além dos atributos acima apontados por Machado Paupério, é bom rememorar que Leon Duguit distingue três elementos que caracterizam a soberania. Segundo ele, a soberania seria um *poder de querer*, um *poder de mandar* e um *poder de mandar independente*.[45]

Por ser a soberania um *poder de querer*, Duguit a aproxima da noção de um direito subjetivo exercido pelo Estado. A vontade

---

[45] DUGUIT, op. cit., p. 64.

51

de agir do Estado e de concretizar os seus comandos seria, portanto, compreendida como um direito subjetivo estatal, um direito a ser exercido em face de terceiros.

Além do *poder de querer*, a soberania pressupõe o *poder de mandar*. Esse atributo significa que aquele que exerce a soberania é capaz de querer e de impor a sua vontade. Tem a capacidade de comandar, isto é, de emitir comandos imperativos, comandos que deverão ser efetivamente observados por aqueles possuidores do dever jurídico de obediência.

O terceiro elemento descrito por Duguit, o de que a soberania seria um *poder de mandar independente*, faz-nos lembrar que a soberania há de ser exercida sem limitações jurídicas concebidas *a priori*, ainda que ela se submeta a restrições históricas, filosóficas, morais e de semelhante natureza. O poder soberano há de ser independente, isto é, sua expressão não deve estar condicionada a desígnios externos a ele próprio. Isso não significa que esse poder esteja autorizado a ser exercido de forma ilimitada, pois os atos estatais terão de se ajustar às expectativas dos súditos e da sociedade internacional. É um poder independente, mas não ilimitado.

2.3. SOBERANIA EXTERNA E SOBERANIA INTERNA

> *El Estado no puede aparecer como soberano en el exterior si no es al mismo tiempo soberano en el interior.* (Carré de Malberg)[46]

A doutrina divide a soberania em interna e externa, com base no âmbito de sua incidência.

A primeira diz respeito aos poderes do Estado no âmbito interno. Trata-se da competência de um Estado sobre seu território. Seria ela doutrinariamente caracterizada pela capacidade de um Estado de produzir suas normas jurídicas, de executá-las e de apreciar sua validade. São esses poderes

---
[46] CARRÉ DE MALBERG, op. cit., p. 89.

exercidos pelo Legislativo, Executivo e pelo Judiciário.[47] É o poder do Estado de, sem interferência externa, exercer essas três funções. É a aptidão que o Estado possui de se organizar politicamente, criar suas próprias leis e de julgar a sua validade. A soberania interna diz respeito à relação jurídica entre o Estado e a sociedade civil.[48] Marie-Joëlle Redor define a soberania interna como "*o poder que possui o Estado para impor sua vontade aos indivíduos que vivem sobre seu território*".[49]

A mera possibilidade de exercício dos três Poderes estatais está associada à soberania formal. Entretanto, para que um Estado também possua soberania sob o ponto de vista material, é preciso que o exercício dos três Poderes seja hábil a dar efeitos concretos às normas jurídicas. Sem que um Estado possa concretizar, isto é, dar efetividade aos preceitos normativos que ele próprio estipula para si, não há que se falar em soberania.

Considerar unicamente o aspecto formal na definição da soberania é deixar sem conteúdo algo que, no Brasil, é tido como princípio fundamental de nossa República.[50] Se a soberania é fundamental, é porque precisa ter força suficiente para concretizar as normas jurídicas. Seria ilógico pensar que uma nação é soberana no aspecto interno se ela não possui

---

47 Vale lembrar que as funções de legislar, julgar e de executar as leis e normas jurídicas não é exclusiva, respectivamente, do Legislativo, Judiciário e Executivo. Cada um dos Poderes está autorizado a exercer todas essas funções dentro de suas necessidades. A classificação de cada um dos Poderes é, portanto, feita em razão da predominância das atividades exercidas. O Legislativo é o Poder que predominantemente elabora leis.

48 Wolfgang Reinicke salienta, em seu artigo Governança em um mundo pós--interdependente a caminho de uma política global, integrante do livro *Governança global*, p. 18, que "[...] *um governo tem soberania interna quando detém o monopólio do poder legítimo sobre uma série de atividades sociais em um determinado território. No que tange à economia, os governos operacionalizam sua soberania interna ao arrecadar impostos ou regulamentar atividades do setor privado*".

49 Tradução livre do seguinte texto: "*Le pouvoir qu'a l'Etat d'imposer sa volonté aux individus vivant sur son territoire*". REDOR, Marie-Joëlle. *De l'etat legal a l'etat de droit. L'evolution des conceptions de la doctrine publiciste française. 1879-1914*. Presses Universitaires d'Aix-Marseille, p. 61.

50 Art. 1º da Constituição da República:
"*A República Federativa do Brasil, formada pela união indissolúvel dos Estados e Municípios e do Distrito Federal, constitui-se em Estado Democrático de Direito e tem como fundamentos: i – a soberania* [...]*"*.

condições de implementar, no mundo dos fatos, aquilo que se propõe a fazer e é veiculado pelas suas normas constitucionais.

A soberania externa, por seu turno, diz respeito às relações do Estado no cenário internacional. Ela possui um sentido relacional, referindo-se à relação entre Estados. De acordo com as palavras de Celso Mello, a soberania externa representa "*o direito à independência que se manifesta no: a) direito de convenção; b) direito à igualdade jurídica, c) direito de legação; d) direito ao respeito mútuo*".[51]

Fazendo a distinção entre os dois aspectos da soberania, Wolfgang H. Reinicke ressalta que:

> *A soberania externa depende da capacidade de excluir outros (obviamente, neste particular o conflito bipolar era o exemplo mais vívido).*
>
> *Porém, conforme já vimos, a soberania interna depende da capacidade de incluir, criar um senso de comunidade e de pertencer. É a raiz da cidadania, configura nossas identidades.*[52]

Machado Paupério, jurista brasileiro que com proficiência debruçou-se sobre o tema da soberania, menciona que os autores italianos chamam o poder interno do Estado (aspecto interno da soberania) de *potesta d'impero* e o conceito *sovranitá* fica reservado para o poder externo (aspecto externo da soberania).[53] Hildebrando Accioly, por sua vez, chama a atenção para o fato de que, usualmente, a soberania interna é denominada autonomia, enquanto a soberania externa é chamada de independência.[54] Autonomia para criar suas normas jurídicas e para comandar os seus próprios cidadãos e independência em relação aos outros Estados e suas respectivas soberanias.

---

51 MELLO, Celso Duvivier de Albuquerque. A soberania através da história. In: *Anuário Direito e Globalização. A soberania.* Rio de Janeiro: Renovar, 1999, p. 17.
52 REINICKE, Wolfgang H. Governança em um mundo pós-interdependente a caminho de uma política global. In: *Governança global.* n. 16. Konrad Adenauer Stiftung, 1999, p. 24.
53 PAUPÉRIO, Arthur Machado. *Teoria democrática do poder. Teoria democrática da soberania.* 3ª ed. Rio de Janeiro: Editora Forense Universitária. 1997. v. 2, p. 78.
54 ACCIOLY, op. cit., p. 16.

É possível constatar que, ao longo da história, a soberania interna sofreu limitações decorrentes das normas jurídicas, especialmente das constitucionais, que progressivamente restringiram a atuação do Estado. No Estado Democrático de Direito, o poder soberano não pode ser exercido em caráter absoluto no seu âmbito interno. Por seu turno, a soberania externa tem sido exercida com limites menos rígidos e vem sendo contida por mecanismos mais frouxos de controle, o que fica evidenciado pela dificuldade de se conferir efetividade global aos pactos internacionais.

Os documentos internacionais não têm sido capazes de colocar rédeas nos Estados como as constituições o fazem. Por esse motivo, Ferrajoli afirma que:

> A superação do estado de natureza, internamente, e a sua conservação (ou melhor, instauração), externamente, tornam-se, assim, as duas coordenadas ao longo das quais se desenrola a história teórica e prática dos estados modernos.[55]

Enquanto no âmbito interno o *estado de natureza* perde lugar para a sociedade civil, nas relações internacionais o *estado de natureza* tem sido, em certa medida, mantido.

Embora, de um modo geral, ainda não existam rígidos condicionamentos nas relações entre os Estados, também não se pode afirmar haver uma situação de independência total e de exercício absoluto da soberania externa. Sempre haverá uma sujeição, ainda que por vezes parcial, da vontade do Estado aos desígnios de terceiros (Estados ou não). Sendo assim, podemos concluir que a soberania é relativa tanto do ponto de vista externo quanto interno. Nenhum dos dois conceitos pode pressupor o exercício da soberania em caráter absoluto.

Sob outro enfoque, cumpre mencionar que a divisão, para fins acadêmicos, da soberania em soberania interna e soberania externa poderá dificultar a percepção de que ela somente merece ser compreendida de forma única. Um Estado não será

---
[55] FERRAJOLI, op. cit., p. 3 e 25.

soberano se, embora possua soberania interna, não detiver meios para exercer a soberania externa e vice-versa. Refletindo sobre essa situação, Machado Paupério oportunamente salientou que a soberania externa é, na verdade, mero reflexo do aspecto interno da soberania.[56]

A soberania de um Estado deve ser avaliada considerando-se simultaneamente o seu aspecto interno e o externo. Apenas será soberano o Estado cuja vontade puder fazer valer-se no cenário internacional e que tiver condições de concretizar suas normas constitucionais através de seus poderes instituídos.

No momento histórico atual, em que existe uma estreita interdependência estatal, há uma visível fusão entre os dois conceitos. A soberania externa e a interna se complementam com vistas a viabilizar a concretização dos direitos dos cidadãos. Nesse sentido, expôs Oliveiros Litrento que:

> Quer sob o aspecto nacional, quer internacional, a soberania tem por finalidade precípua a realização do bem comum, [...] assegurando-lhe [ao cidadão] sempre todos os meios para que realize suas aspirações legítimas.[57]

A dicotomia merece, portanto, ser colocada de lado e a preocupação precisa voltar-se em primeiro plano para a tutela das pretensões da comunidade.

Sob outro prisma, deve-se realçar que a relação entre a soberania interna e a democracia é intensa. A democracia pressupõe a escolha pelo povo dos representantes do Estado para o exercício da árdua tarefa de legislar (Legislativo) e de gerir as políticas públicas (Executivo). Semelhante raciocínio vale para os membros do Judiciário que, apesar de no Brasil não serem eleitos, são escolhidos por métodos previstos constitucionalmente para o exercício da atividade jurisdicional, o que torna democrática e legítima a sua investidura.

---
56 PAUPÉRIO, Machado. *Teoria democrática do poder. Teoria democrática da soberania.* 3ª ed. Rio de Janeiro: Editora Forense Universitária. 1997, p. 14.
57 LITRENTO, Oliveiros. *O princípio da autodeterminação dos povos. Síntese da soberania e o homem.* Livraria Freitas Bastos S/A, 1964, p. 147.

Ocorre que o mero preenchimento dos cargos políticos não é suficiente para assegurar a democracia e nem o regular exercício da soberania. De que adianta os representantes do povo terem sido nomeados democraticamente, se não possuem poderes para concretizar a soberania? Daí a razão para Reinicke ter afirmado que:

> *Apesar de pessoas poderem exercer seu direito de voto, o poder efetivo deste voto configurar a política pública diminui com o declínio da soberania interna. Uma fraqueza permanente da soberania interna levantará dúvidas sobre instituições democráticas.*[58]

Há necessidade de que os representantes no poder tenham reais condições de praticar e materializar, em um ambiente democrático, os atos de soberania. Sem que os seus poderes possam ter efeitos concretos, em razão da existência de uma soberania interna enfraquecida, a existência da democracia é questionada e a função do voto termina por se esvaziar.

Por fim, cabe repisar que o poder pressupõe duas facetas inseparáveis: aquela concernente à relação entre o comandante e o comandado (soberania interna) e a que diz respeito à relação entre os próprios detentores do poder (soberania externa). Nesse contexto, merece ser recordada a lição de Karl Loewenstein no sentido de que "*el elemento poder no sólo domina la relación entre los detentadores y los destinatários del poder, sino que ademâs condiciona las relaciones entre los diferentes detentadores del poder*".[59] A despeito da existência dessas duas facetas, a soberania há de ser considerada como um todo, como única, e o seu desmembramento pode comprometer o real propósito do instituto, que seria o de assegurar a concretização das normas jurídicas, notadamente as constitucionais.

---

58 REINICKE, Wolfgang. Governança em um mundo pós-interdependente a caminho de uma política global In: *Governança global*, p. 19.
59 LOEWENSTEIN, Karl. *Teoría de la Constitución*. Barcelona: Editorial Ariel, 1986, p. 27.

2.4. SOBERANIA DESMEMBRADA

Todo e qualquer processo de integração demanda uma discussão acerca do exercício "compartilhado" de poderes soberanos, uma vez que, com a integração, os Estados transferem um leque de competências para um ente externo às suas estruturas.

O problema que surge é que o "compartilhamento" e a transferência da soberania violariam, ao menos sob o ponto de vista da doutrina clássica, a noção de que a soberania é una, indivisível e inalienável.

O que parece estar ocorrendo, na realidade, é o exercício da soberania por outros entes que não Estados, o que não seria um compartilhamento da soberania, mas, apenas, o exercício indivisível da soberania após ter ocorrido o seu desmembramento. Há o desmembramento e, após ele ocorrer, passa a existir o exercício de duas soberanias de forma indivisível.

No caso europeu, por exemplo, a União Europeia exerce plenamente a soberania naquelas matérias de interesse comunitário. Não haveria, do ponto de vista jurídico, compartilhamento, porque, quando um está habilitado para exercer a soberania, o outro fica excluído de tal exercício. Há exercício de duas soberanias distintas. Caso contrário, a soberania deixaria de ser indivisível. Seguindo esse raciocínio, isto é, reforçando a tese de inocorrência de compartilhamento da soberania, Francisco Lucas Pires defende que os conceitos de soberania indivisível e de soberania partilhada seriam contraditórios entre si.[60]

Fenômeno, também, recente é o da substituição do Estado por particulares no exercício de funções antes classificadas como tipicamente soberanas. O professor André-Jean Arnaud lembra que:

> [...] o direito estatal também é substituído, cada vez mais, por instâncias que se situam, conforme a hierarquia tradicional, abaixo dele. Podemos

---

60 PIRES, Francisco Lucas. *Introdução ao direito constitucional europeu (seu sentido, problemas e limites)*. Coimbra: Livraria Almedina, 1997, p. 107.

assinalar, como exemplo, o deslocamento da produção jurídica em direção aos poderes privados econômicos, a importância do papel desempenhado pelas corporações, os códigos de conduta privados, o desenvolvimento de um direito negociado, a jurisdicização crescente da normalização técnica.[61]

Não nos parece que esta situação represente uma hipótese de soberania compartilhada. O que ocorre é que a soberania será exercida de outra forma. Passa o Estado, por exemplo, a fiscalizar a atividade do particular ao invés de especificamente criar as normas que dispõem sobre como ele deveria agir. O particular não exerce os poderes relativos a uma parcela da soberania, mas atua como mero gestor de seus próprios interesses. O reconhecimento de que o Estado não é o único com competência para produzir normas não nos conduz à necessária conclusão de que a soberania está sendo delegada a particulares.

A soberania continua a existir e continua a ter relevante papel, mas os Estados possuem, cada vez mais, dificuldade para exercer autoridade suprema e universal em seu território. A pulverização do poder tem acarretado dificuldades para a concretização de normas constitucionais.

Nesse contexto, vale lembrar que, assim como a delimitação das fronteiras estatais é algo que decorre da vontade humana, a criação de uniões econômicas e de mercados comuns também possui tal característica. Hermann Heller salienta que *"Una de las conclusiones más fecundas de la nueva Geopolítica es la de que no existen fronteras naturales del Estado, sino que todas las fronteras políticas son zonas y lindes arbitrarios, artificiales, es decir, queridos por los hombres, nacidos de las relaciones de poder y de las manifestaciones de voluntad de los que trazan las fronteras."*[62] Dessa forma, sempre a vontade humana,

---

61 ARNAUD, op. cit., p. 27.
62 HELLER, Hermann. *Teoria del estado*. Versão espanhola de Luis Tobío. 5ª ed. em espanhol. México: Fondo de Cultura Econômica, 1963, p. 161.

complementada pela sua aptidão de se tornar realidade, influenciará os limites e o exercício da soberania. Daí ser possível admitir deslocamentos políticos e territoriais do exercício da soberania, vale dizer, a soberania, que antes era exercida essencialmente pelo Estado, passa a ser, ao menos em determinadas matérias, desempenhada por órgãos não estatais como, por exemplo, a União Europeia, não se tratando esse caso, repise-se, de soberania compartilhada.

2.5. TITULARIDADE DA SOBERANIA

Longos anos se passaram até que se firmasse o convencimento de que a soberania deveria ser de titularidade do povo. De acordo com Celso Mello:

> A França vai ser o berço de uma disputa doutrinária sobre quem é o titular da soberania, vez que a monarquia desaparecera. A discussão é em volta das expressões soberania nacional e soberania popular, isto é, se o titular é a nação como um todo, ou se cada indivíduo que integra a população de um Estado tem uma parcela na sua titularidade.[63]

É no seio das teorias democráticas que vai se desenvolver a noção de soberania popular, vale dizer, a soberania exercida pelo próprio povo e não, apenas, pelos governantes. No povo é que se originaria a soberania. Não se pode dizer que Rousseau tenha sido seu inventor ou aquele que a tenha primeiro propagado. Antes dele, teólogos da Idade Média já sustentavam que o poder soberano residia na comunidade popular. Hobbes, inclusive, é um exemplo de pensador anterior a Rousseau que defendia a origem da soberania no povo. É oportuno lembrar que Hobbes entendia que os cidadãos eram os responsáveis pela transferência da soberania ao monarca. No povo, portanto, é que a soberania tinha sua origem. Contudo, foi Rousseau quem

---

63 MELLO, Celso Duvivier de Albuquerque. A soberania através da história. In: Anuário Direito e Globalização. A soberania. Rio de Janeiro: Renovar, 1999, p. 13.

se caracterizou como um dos principais divulgadores da teoria da soberania popular.⁶⁴

Após a Revolução Francesa, no entanto, passa a ter emprego a expressão *soberania nacional*. É louvável registrar que o art. 3º da *Declaração dos Direitos do Homem e do Cidadão*, criada sob a pressão dos fortes ventos da Revolução Francesa, dispõe que: "*O princípio de toda soberania reside essencialmente na nação*". Na Constituição francesa de 1791, também havia previsão, nos arts. 1º e 2º do preâmbulo do título III, de que a soberania pertenceria à nação. O indivíduo não exerceria, como sustentava Rousseau, uma parcela da soberania. A nação, ente abstrato que representa a coletividade, é que faria irradiar os poderes soberanos. A soberania seria retirada da pessoa do monarca e entregue à nação. Nasceu a teoria da soberania nacional para evitar que o Estado fosse confundido com a figura do Rei e a fim de que passasse a se identificar com a nação.⁶⁵ A soberania nacional pregada pela Revolução francesa negava, portanto, a soberania individual, a soberania de cada indivíduo. Somente a nação seria soberana.

Carré de Malberg, assemelhando os poderes da nação àqueles atribuídos ao Estado, afirma que:

> Al declarar que la soberanía [...] reside en la nación, la Revolución ha consagrado implicitamente [...] la idea capital de que los poderes y los derechos de los cuales el Estado es sujeto no son outra cosa, en el fondo, sino los derechos y los poderes de la nación misma.⁶⁶

Para o jurista francês, a admissão de que os poderes estatais pertenceriam à nação, nos moldes do que defende a doutrina

---

64 CARRÉ DE MALBERG, op. cit., p. 875.
65 Carré de Malberg ensina que "*la Asamblea nacional de 1789, al fundar el principio de la soberanía de la nación, se proponía esencialmente retirarle al rey su antiguo poder absoluto, para mitigarlo y restringirlo* [...] *Con este objeto, la Constituyente le negaba al rey toda soberanía personal y colocaba la fuente de la soberanía en la nación misma, de manera que el rey no podría ya, en adelante, ejercer el poder sino en nombre, por cuenta y por obra de la nación, única soberana*". Ibidem, p. 892.
66 *Ibidem*, op. cit., p. 31.

da soberania nacional, é suficiente para equiparar a nação ao Estado. Se não houvesse essa identidade e existisse uma soberania nacional e uma soberania do Estado, ambas distintas entre si, teríamos algo inaceitável. Havendo duas soberanias distintas, uma excluiria a outra. Segundo Carré de Malberg:

> La soberanía no puede ser a la vez un atributo estatal y nacional, y la nación no puede ser soberana al mismo tiempo que el Estado sino a condición de que ambos no formen más que una sola y misma persona. Por esto el principio de la soberanía nacional excluye la idea de que el Estado pueda, como persona, adquirir su existencia fuera de la nación.[67]

Com a fundação do sistema constitucional francês de 1793, a teoria adotada deixa de ser a da soberania nacional para se tornar a da soberania popular. O art. 25 da Declaração de Direitos da Constituição de 1793 preconiza, expressamente, que "*a soberania reside no povo*". Há uma retomada do pensamento de Rousseau e a soberania passa a residir em cada indivíduo. Cada cidadão passa a ser dotado de uma parcela de soberania.[68]

No que concerne à semelhança existente entre a teoria da soberania popular e a da soberania nacional, vale salientar que, no dizer de Miguel Reale, embora as duas tenham as suas peculiaridades, tanto uma quanto a outra possuem em comum a relevante característica do reconhecimento de que a soberania tem origem no povo.[69]

Ainda quanto à teoria da soberania nacional, impende destacar que, na história mais recente, ela tem sido ocasionalmente empregada para vincular aos nacionais as prerrogativas inerentes à soberania. Passou-se a restringir aos nacionais, por exemplo, os direitos de cidadania, tal como o de eleger os representantes.

---

67 *Ibidem*, loc. cit.
68 *Ibidem*, p. 887 e 894.
69 REALE, op. cit., p. 156.

Friedrich Müller critica, e pensamos que com razão, qualquer limitação da soberania aos nacionais. Segundo ele, o povo não pode restringir-se aos nacionais e não haveria razão que justificasse as distinções existentes entre os habitantes de fato (*faktische Inländer*) e os habitantes de direito (*rechtliche Inländer*) de um Estado, especialmente porque ambos são, de um modo geral, atingidos pelas mesmas normas jurídicas. O isolamento dos não nacionais acarreta, na realidade, uma diminuição do caráter democrático de um Estado, uma vez que nem todos os habitantes participarão, ainda que indiretamente, do processo de criação das normas jurídicas.[70]

Nesse cenário, vale lembrar que Machado Paupério aponta a existência de três correntes doutrinárias sobre a titularidade da soberania. De acordo com a primeira corrente, prevalece a ideia de que a soberania pertenceria aos indivíduos que detêm o poder. Esta concepção praticamente não é mais defendida por ser corolário do absolutismo. Outra corrente, com um ideal mais democrático, sustenta que a soberania tem o povo como seu titular. Para uma terceira corrente chamada de alemã e defendida por Jellinek, o titular da soberania seria o próprio Estado.[71] Jellinek enxerga a soberania como uma qualidade do poder do Estado.

Nesse tópico, é preciso, todavia, dissociar o aspecto filosófico e político da soberania do seu caráter jurídico, pois o ordenamento jurídico poderá, em tese, outorgar a qualquer indivíduo ou grupo de pessoas a titularidade da soberania. Desde os idos de Aristóteles, já se tinha noção dessa possibilidade. O próprio discípulo de Platão dizia que "*a soberania é a expressão do poder dirigente, e as formas de soberania variam consoante as constituições; quantas são as constituições, tantas as formas de soberania*".[72]

---
70 Müller, Friedrich. A questão central da democracia: Quem é o povo? In: *XVI Conferência Nacional de Advogados. Livro de teses. Tema 1. As transformações da sociedade e do estado*. Editado pelo Conselho Federal da OAB, 1996, p. 8.
71 PAUPÉRIO, Arthur Machado. *Teoria democrática do poder. Teoria democrática da soberania*. Rio de Janeiro: Editora Forense Universitária, 1997, p. 131.
72 ARISTÓTELES. *Arte retórica e arte poética*. Rio de Janeiro: Edições de Ouro, p. 73.

Sob a ótica jurídica, portanto, a soberania poderá ser exercida pelo povo, pelo monarca ou por quem o ordenamento jurídico tiver previsto como apto a exercê-la, ainda que preferencialmente, ao menos em um Estado Democrático de Direito, mereça ser de titularidade do povo.

Mesmo que a titularidade da soberania nas mãos de um monarca possa ser injusta, por favorecer uma única pessoa ou uma minoria detentora do poder, ou ainda que possa ser ilegítima, por eventualmente não contar com a adesão do povo, mesmo assim poderá ter eficácia jurídica, desde que repouse em fundamentos normativos.

Alguns Estados são autoritários, outros democráticos, mas todos se julgam soberanos. Todos pretendem possuir, ainda que eventualmente sem qualquer legitimidade interna, um poder supremo de decisão, um poder de fazer valer a vontade estatal em última instância.

Ainda quanto à titularidade da soberania, pertinente é a distinção feita por Hermann Heller entre o sujeito da soberania, que seria o Estado, e o portador da soberania, que aqui classificamos como o titular da soberania. Para Heller, portanto:

> *El poder del Estado es soberano, lo que significa que es, dentro de su territorio, poder supremo, exclusivo, irresistible y sustantivo. La soberanía del Estado significa, pues, la soberanía de la organización estatal como poder de ordenación territorial supremo y exclusivo. El Estado, como organización territorial soberana, es creador supremo de las normas y tiene el monopolio de coacción física legítima, la ultima ratio de todo poder. Las expresiones soberanía del pueblo o soberanía del príncipe no se refieren, en cambio, al sujeto sino al portador de la soberanía en la organización estatal. El pueblo y el príncipe pueden ser a veces portadores y, al mismo*

*tiempo, órganos del poder del Estado, y en esse caso cabe hablar de una soberanía del órgano, que puede tener el carácter de soberanía del pueblo o del príncipe.*⁷³

Em suma, o titular, ou portador, da soberania (*verbi gratia*: o povo, o Parlamento ou o príncipe, ou quem o ordenamento jurídico estabelecer) irá exercer – via de regra – a soberania por intermédio do Estado, por um sujeito dotado de órgãos soberanos, que poderão, inclusive, ser ocupados pelo próprio titular da soberania.

Enxergando, contudo, a soberania com uma outra perspectiva, Miguel Reale a classifica como fato social e como fato jurídico. Essa distinção será empregada com a finalidade de identificar aquele que a exerce e aquele que figura como seu titular. Como fato social e político, a soberania pertenceria ao povo, que possui a capacidade de decidir o seu próprio destino. Por outro lado, sob a ótica jurídica, a soberania seria do Estado, que a exerceria dentro dos limites previstos no ordenamento. No dizer de Miguel Reale:

> *O povo, fonte primeira do poder, é o titular da soberania de um ponto de vista geral* [...] *Desde o instante em que a soberania como força social é delimitada pela opção que o povo faz por esta ou aquela forma de Estado, a soberania passa a ser de direito do Estado* [...] *Como temos dito e repetido, a soberania é do Estado,* sub specie juris, *mas é do povo, pertence à sociedade como fato social* [...] *Distinguimos* [...] *o problema da titularidade da soberania, tendo em vista o duplo momento de seu exercício, o social e o jurídico.* [...] *Do ponto de vista estritamente jurídico,* [...] *é preciso convir que a soberania é do Estado.*⁷⁴

---

73 HELLER, Hermann. *Teoria del estado*. Versão espanhola de Luis Tobío. 5ª ed. em espanhol. México: Editora Fondo de Cultura Econômica, 1963, p. 264-265.
74 REALE, op. cit., p. 155 e 160.

Ainda com relação a aspectos terminológicos que gravitam em torno da soberania e da sua titularidade, cumpre salientar que Carré de Malberg faz uma observação precisa sobre a distinção que a língua alemã proporciona entre a soberania (*Souveranität*), o poder estatal (*Staatsgewalt*) e o órgão que exerce a soberania (*Herrscher*).

A soberania propriamente dita (*Souvernität*) diria respeito ao poder do Estado exercido com autonomia e independência. O poder estatal (*Staatsgewalt*), como o próprio termo quer significar, representa o efetivo poder de comando do Estado. Por fim, o *Herrscher* (Senhor) seria aquele órgão dentro da estrutura da entidade soberana – entidade que geralmente é o Estado – que deteria o poder de comando. Seria, por exemplo, o monarca ou aqueles indivíduos ou órgãos que efetivamente exercem o poder de mando.[75]

Por outro lado, nas línguas que tão somente empregam a palavra soberania para designar essas três facetas, como a espanhola, francesa, portuguesa e a inglesa, surgem problemas na sua conceituação. Como exemplo da celeuma que pode surgir, transcrevemos um trecho em que Carré de Malberg rememora que o conceito de poder estatal tem sido equiparado ao de soberania:

> Lo que distingue al Estado de cualquier outra agrupación es la potestad de que se halla dotado. Esta potestad, que sólo él puede poseer, y que por lo tanto se puede ya caracterizar denominándola "potestad estatal", lleva, en la terminología tradicionalmente consagrada en Francia, el nombre de soberanía.

Carré de Malberg mostrou que no idioma francês se tem feito tal equiparação, mas é preciso registrar que ele não acreditava que os dois termos (soberania e poder estatal) fossem

---
75 CARRÉ DE MALBERG, op. cit., p. 95.

sinônimos.⁷⁶ Mais adiante no mesmo livro, Carré de Malberg, ciente do problema terminológico, reconhece a imprecisão que o termo *soberania* pode suscitar em uma língua que não a alemã e, como consequência, recomenda a sua não utilização:

> *El empleo en este caso de la palabra soberanía, aunque se justifica respecto al Estado francés, suscita fuertes objeciones desde el punto de vista del derecho público en general. Es conveniente, por lo tanto, abandonar esta expresión discutible [...] El vocabulario jurídico alemán ofrece más recursos y permite más claridad en las teorías del derecho público.*⁷⁷

Não há Estado sem a existência de um poder de comando, sem um poder estatal (*Staatsgewalt*). Esse poder é imprescindível para a existência do Estado. No entanto, embora todos os Estados detenham esse poder, sob pena de não serem caracterizados como Estados, nem todos são soberanos. Nem todos exercem o seu poder de forma soberana.

A distinção entre *Staatsgewalt*, *Souveranität* e *Herrscher* proporcionada pela língua germânica, e que não é feita pelo idioma francês e por inúmeros outros, é, dessa forma, fundamental e evita o surgimento de uma desnecessária

---

76 CARRÉ DE MALBERG, op. cit., p. 28. Carré de Malberg demonstrou a equiparação que era feita na língua francesa entre poder estatal e soberania tão somente com o propósito de apresentar a imprecisão que isso poderia gerar, uma vez que ele próprio reconhecia a distinção entre poder estatal e soberania e, inclusive, teceu críticas a Bodin por não ter feito tal diferenciação, nos termos expostos neste trabalho no tópico que retrata A Soberania em Jean Bodin. Além disso, o pensamento de Carré de Malberg pode ser depreendido com base em outra passagem de seu livro *Teoría General do Estado*, senão vejamos: "*La doctrina tradicional que confunde en un solo y mismo concepto las nociones de potestad de Estado y de potestad soberana contiene en todo caso el error de hacer planear un grave equívoco sobre la cuestión fundamental de saber si la soberanía es um elemento esencial del Estado. Si por soberanía se entiende la potestad de Estado misma, no hay duda de que la soberanía forma una condición absoluta del Estado, pues el Estado no puede concebirse sin potestad de dominación. Si, por el contrario, se quiere designar con el nombre de soberanía la cualidad de un Estado cuya potestad no depende de ningún otro, es ya muy discutible que la soberanía pueda ser considerada como un elemento indispensable del Estado.*" CARRÉ DE MALBERG, op. cit., p. 96-97.
77 CARRÉ DE MALBERG, op. cit., p. 28 e 95.

confusão entre as expressões "poder estatal", "soberania" e "órgão soberano".

Como a qualquer um pode ser atribuída a titularidade da soberania, cremos que não será o Estado o único capaz de exercê-la. O ordenamento jurídico é que determinará quem será o titular da soberania e que destinará a alguém o poder de comando. Nos termos do que nos ensina Karl Loewenstein "*soberano es aquel que está legalmente autorizado, en la sociedad estatal, para ejercer el poder político, o aquel que en último término lo ejerce*".[78]

No caso brasileiro, o ordenamento jurídico entrega ao povo, *ex vi* do *caput* do art. 14 da Constituição da República, tal titularidade. O povo, por sua vez, desempenhará seu poder de comando por meio de um sujeito. No Brasil, esse sujeito é o Estado, que exerce o poder por intermédio de órgãos que criam normas jurídicas e que impulsionam os mecanismos estatais de coerção.

Partindo da premissa de que, ao menos sob a ótica política, é recomendável que a soberania seja de titularidade do povo, Oliveiros Litrento conclui que ela não pode ser alienada, ainda que temporariamente. Segundo Litrento:

> *Admitir que o povo, titular originário da soberania, perca-a temporária ou definitivamente, é não conhecer, sem dúvida, sua essência como a preconizam Santo Tomás de Aquino, Locke e Rousseau. A alienabilidade da soberania só vai ter a um caminho: ao absolutismo, o que noutras palavras significa que o povo antes soberano se torna escravo.*[79]

Ricardo Lobo Torres salienta que o fato de a soberania ser de titularidade do povo facilita sua relativização, pois:

> *O conceito de soberania deixa de ser absoluto para se relativizar no jogo de ponderação*

---

[78] LOEWENSTEIN, p. 24.
[79] LITRENTO, Oliveiros. *O princípio da autodeterminação dos povos. Síntese da soberania e o homem.* Livraria Freitas Bastos S/A, 1964, p. 154.

com os outros princípios também referidos ao povo: cidadania, dignidade da pessoa humana, trabalho e livre iniciativa.[80]

Além disso, ao recair a titularidade sobre o povo, a soberania ganha um contorno democrático, o que naturalmente facilita a adesão aos comandos estatais.

Vale lembrar que a existência de um sentimento histórico comum, de um sentimento de integração a uma nação, proporciona, conforme bem ilustra Jorge Miranda, coesão e sentido ao conjunto de cidadãos e os habilita a reivindicar a titularidade da soberania.[81] Além desse aspecto, o fato de a titularidade da soberania ser assumida pelo povo gera uma marcante consequência: a de que os representantes devem ser escolhidos dentre os próprios súditos. Os representantes do povo no poder devem ser designados dentre os próprios cidadãos. Só assim é que a soberania pode ser pensada, isto é, deve haver correspondência e relativa identidade entre os comandantes e os comandados. A similitude de pretensões desses dois polos é que legitimará e viabilizará o exercício do poder soberano.

Sob outro enfoque, Jorge Miranda, atribuindo relevância ao efetivo exercício da soberania, defende que só se deve falar em governo democrático, soberania do povo, soberania nacional ou soberania popular, quando o povo tem meios concretos para influir nas diretrizes políticas dos órgãos estatais.[82] Se a titularidade da soberania é do povo, será preciso assegurar a ele os meios necessários para o seu exercício, pois "*de nada vale um poder, uma prerrogativa, desprovido dos meios necessários à sua verificação pelo seu titular*".[83]

Por sua vez, Carlos Santiago Nino destaca que a concepção pluralista da democracia valoriza um sistema em que ninguém

---

80 TORRES, Ricardo Lobo. *Tratado de direito constitucional, financeiro e tributário*. Editora Renovar, 2000. v. V, p. 147.
81 MIRANDA, op. cit., p. 191.
82 MIRANDA, op. cit., p. 218.
83 TRÊS, Celso Antônio. A soberania do povo na fiscalização do exercício de sua soberania. *Boletim dos Procuradores da República*. Editora Artchip, p. 3.

esteja autorizado a falar por todo o povo. A vontade popular há, segundo o filósofo do Direito argentino, de ser dispersa. Precisa se manifestar por diversos órgãos e não por um único.[84] Desse modo, a vontade estatal e, consequentemente, o exercício da soberania se aproximará da vontade do povo da maneira mais perfeita possível.

2.6. PODER CONSTITUINTE E SOBERANIA

Há forte relação entre a noção de poder constituinte e o conceito de soberania. A soberania se expressa, desde a sua origem, por intermédio do poder constituinte. Com o constitucionalismo, as atividades estatais são pautadas, em última instância, por normas constitucionais. É o poder constituinte, em sua essência, o poder soberano que dá vida ao Estado, que faz o Estado surgir sem que haja necessidade de observância de uma ordem jurídica prévia. Segundo expõe Jorge Miranda:

> O constitucionalismo tende a disciplinar toda a atividade dos governantes e todas as suas relações com os governados; pretende submeter à lei todas as manifestações da soberania e aí consignar os direitos dos cidadãos.[85]

O Estado constitucional irradia sua soberania por meio do poder constituinte. Esse poder faz o Estado nascer por intermédio da Constituição. Papel relevante desempenha, portanto, como suporte para a Constituição e elemento deflagrador do documento que dará início à existência do Estado e que servirá para veicular normas jurídicas com a mais elevada hierarquia em um dado ordenamento.

A competência que o Estado possui lhe é conferida pela própria ordem jurídica instituída. O Estado se alimenta da energia oriunda do próprio ordenamento que o cria.

---

84 NINO, Carlos Santiago. *Fundamentos de derecho constitucional. Análisis filosófico, jurídico y politológico de la práctica constitucional.* Editorial Astrea de Alfredo y Ricardo Depalma. Buenos Aires, 1992, p. 577.
85 MIRANDA, op. cit., p. 325-326.

Da mesma forma que a soberania não é absoluta,[86] o exercício do poder constituinte originário, parece-nos, conforme defende Jorge Miranda, também deva ser considerado limitado. O poder constituinte originário não pode ser exercido irrestritamente. Segundo Jorge Miranda, há limites transcendentes, imanentes e heterônomos para o exercício do poder constituinte originário.[87]

Em breve síntese, podemos dizer que os limites transcendentes seriam aquelas restrições decorrentes de imperativos de direito natural, de valores éticos ou até mesmo de crenças religiosas. O poder constituinte originário ficaria restringido por esses aspectos. Se a consciência jurídica de um determinado povo tem como uma de suas metas morais, por exemplo, a proteção da dignidade da pessoa, o poder constituinte originário não poderá inovar de modo a violar direitos da dignidade da pessoa.

Os limites imanentes são aquelas restrições decorrentes do próprio poder constituinte; são aqueles limites que dizem respeito à própria configuração do Estado. A soberania, por exemplo, pode ser vista como um limite imanente, uma vez que o poder constituinte originário não está autorizado a criar um Estado soberano e a simultaneamente esvaziar a sua autonomia e independência. Se o poder constituinte prevê que um Estado será soberano, a Constituição não pode também estabelecer (e aí está o limite imanente) que as deliberações desse Estado ficarão condicionadas à aprovação de outro Estado.

Por fim, os limites heterônomos seriam aqueles oriundos das relações com outros ordenamentos jurídicos. O poder constituinte originário surge em um determinado contexto, em um certo momento histórico. O poder constituinte originário não está, portanto, autorizado a criar normas jurídicas que estejam em completa dissonância com a realidade internacional. Nos dias de hoje, por exemplo, a criação de um Estado que admita a

---

86 Hildebrando Accioly ensina que: "*A soberania é também definida como sendo a autoridade que possui o Estado para decidir, em última alçada, sobre as questões da sua competência. Não é, porém, um poder absoluto. Nas relações internacionais, ela se acha subordinada ao direito das gentes*". ACCIOLY, op. cit., p. 16.

87 MIRANDA, op. cit., p. 376-377.

escravidão sofrerá forte repulsa da comunidade internacional. Por esse aspecto, Canotilho lembra que o *"sujeito constituinte, este povo ou nação, é estruturado e obedece a padrões e modelos de conduta espirituais, culturais, éticos e sociais radicados na consciência jurídica geral da comunidade e, nesta medida, considerados como vontade do povo. [...] é certo que o poder constituinte nunca surge num vácuo histórico cultural"*.[88]

A despeito da existência de algumas restrições ao exercício do poder constituinte originário,[89] é ele manifesta expressão da soberania de um Estado. O poder de criação de uma Constituição está diretamente relacionado à noção de soberania, o que acaba reforçando a ideia de que também há limites ao poder constituinte originário. Se a soberania não é exercida de modo absoluto, não pode o poder constituinte originário, uma das suas manifestações, ser exercido em caráter incondicionado.

A existência de limites para o exercício da soberania é indiscutível. Caso eles não existissem, seria possível que um dado Estado, conforme aponta Arthur Machado Paupério, em alusão ao pensamento de Jellinek, suprimisse a ordem jurídica e introduzisse a anarquia. A supressão da ordem jurídica acarretaria a eliminação do próprio Estado, o que nos leva à conclusão de que esse fato não é viável e que existem limites intransponíveis no exercício da soberania.[90]

---

88 CANOTILHO, J. J. Gomes. *Direito constitucional e teoria da Constituição*. 5ª ed. Editora Livraria Almedina., p. 81.

89 Sempre bom lembrar que a existência de limites ao poder constituinte originário não é aceita por toda a doutrina. Wilson Accioli, por exemplo, entende que *"Em relação, pois, ao Estado o poder constituinte originário é um poder primário, incondicionado e completamente livre dentro da órbita em que se movimenta."* ACCIOLI, Wilson. *Instituições de direito Constitucional*. Rio de Janeiro: Editora Forense, 1978, p. 43. Mais recentemente, Alexandre de Moraes defende que: *"Inexiste forma prefixada pela qual se manifesta o poder constituinte originário, uma vez que apresenta as características de incondicionado e ilimitado. [...] O Poder Constituinte caracteriza-se por inicial, ilimitado, autônomo e incondicionado. [...] O Poder Constituinte também é incondicionado, pois não está sujeito a qualquer forma prefixada para manifestar sua vontade; não tem ela que seguir qualquer procedimento determinado para realizar sua obra de constitucionalização"*. Moraes, Alexandre de. *Direito Constitucional*. 7ª ed. Editora Atlas, p. 53-54.

90 PAUPÉRIO, Arthur Machado. *Teoria democrática do poder. Teoria democrática do estado*. Rio de Janeiro: Editora Forense Universitária, 1997, p. 97.

Sob outro enfoque, o poder constituinte originário, caracterizado como o poder gerador do Estado, pertencerá, como destaca Wilson Accioli, ao indivíduo ou ao grupo onde se polariza, num determinado momento histórico, a noção de Direito. Via de regra, o titular deve ser o povo, pois é aquele que originariamente consagra o poder de auto-organização.[91] Usualmente, o povo deve ser a fonte das leis e a ele incumbir a titularidade do poder constituinte.[92] No entanto, Kelsen oportunamente lembra que, independente de quem exerça o poder constituinte e os poderes soberanos, a ideia a ser preservada é a da existência de uma "mais alta autoridade". Segundo ele:

> Lo que se llama "soberano", bien se trate de un orden, o bien de una comunidad, o bien de un órgano, o bien de un poder, debe ser considerado como lo más alto, como lo supremo, por encima de lo cual no puede haber una autoridad más alta que limite la función de la entidad soberana, que obligue al soberano. Y no podemos encontrar para este término ninguna otra expresión más sensata que la de "la más alta autoridad".[93]

Nesse contexto, o poder constituinte será o responsável pelo surgimento do mais alto grau de hierarquia normativa no ordenamento jurídico. Seu valor ganha força à medida que ele será capaz de fazer nascer o ordenamento, o Estado e, sobretudo, o soberano, isto é, a mais alta autoridade de acordo com Kelsen.

Sendo assim, por tudo o que foi dito, enquanto sobreviver a crença no constitucionalismo, que inúmeros benefícios trouxe para o Estado moderno, o poder constituinte desempenhará relevante papel, especialmente no que diz respeito à fixação dos limites e alcance da soberania.

---

91 ACCIOLI, op. cit., p. 43.
92 ZIPPELIUS, op. cit., p. 79.
93 KELSEN, Hans. *Derecho y paz en las relaciones internacionales*. México: Fondo de Cultura Economica, 1943, p. 103-104.

2.7. A SOBERANIA E O DIREITO DE INTERVIR

Como consequência do princípio da soberania, há o dever geral de não intervenção de um Estado nos temas que digam respeito à soberania de outro. Um Estado não pode interferir nos negócios de outro de modo a ditar a conduta que entenda deva ser a adotada.

O princípio da não intervenção ganhou destaque no cenário internacional em razão da doutrina Monroe de 1823. O quinto Presidente norte-americano, James Monroe (1758-1831), consagrou, em discurso ao Congresso, esse princípio em relação aos países do continente americano, evitando, assim, a retomada das antigas colônias pelos países europeus.[94] É preciso lembrar que, se por um lado, a doutrina Monroe evitava a intervenção europeia nos países americanos, por outro facilitava a atuação (intervenção) norte-americana nos negócios das Américas. É por conta dessa dualidade que o tema da intervenção deve ser estudado com cautela e, sempre, com um olhar desconfiado. Um ato aparentemente protetor da autonomia de determinados Estados enfraquecidos pode, na realidade, representar uma velada intervenção e ingerência nos seus negócios e interesses.

O princípio da não intervenção deve ser entendido, e aí fazemos uso dos ensinamentos de Hildebrando Accioly, como um instituto para afastar a ingerência de um Estado nos negócios internos ou externos de outro.[95]

Doutrinariamente, a atuação de um Estado protetor ou suserano nos negócios e interesses do Estado protegido ou vassalo não tem sido considerada como intervenção. As hipóteses de intervenção ficam reduzidas às relações entre Estados tidos classicamente como soberanos.

---

94 Complementa Garcia-Amador que, na história latino-americana, o medo de uma intervenção externa surgiu com os planos da Santa Aliança de reconquista das antigas colônias. Diante deste temor e nos moldes do que era defendido pela Doutrina Monroe, foi realizado, em 1826, o Congresso do Panamá com o objetivo de criar uma defesa mútua das novas repúblicas das Américas contra as potências europeias. GARCIA-AMADOR, F. V.. Latin american law. In: *Sovereignty within the law*. Editora Stevens & Sons Limited, 1965, p. 123.

95 ACCIOLY, op. cit., p. 43.

Inúmeros documentos internacionais preveem o direito de não intervenção. A Carta das Nações Unidas veda, *verbi gratia*, na alínea 7 de seu art. 2º, a intervenção das Nações nos assuntos da jurisdição interna dos Estados. As Resoluções da Assembleia Geral da ONU nº 1.815, de 18 de dezembro de 1962, e nº 2.625, de 4 de novembro de 1970, também tratam do tema e impõem a cada Estado, conforme salienta Ana Cristina Paulo Pereira, o dever de não intervir nas competências do outro.[96] Sem embargo, no caso de ameaça externa, o Estado ameaçado poderá agir, contanto que não ultrapasse os limites necessários para a manutenção de sua soberania.

Outras modalidades de intervenção, como, por exemplo, aquelas feitas com a motivação de proteção internacional dos direitos do homem, as realizadas em caso de guerra civil ou as levadas a cabo para a proteção dos interesses de nacionais situados em um Estado estrangeiro também devem ser realizadas com cautela e em ocasiões excepcionais. Não devem servir para justificar, na realidade, uma invasão em outro Estado e a violação da soberania.

Sendo a regra geral a não intervenção, ela somente merece ocorrer em raras situações e quando praticada por um ou mais Estados com a autorização da sociedade internacional de forma institucionalizada.[97] No entanto, apesar de seu caráter excepcional, infelizmente, sob o ponto de vista histórico, a regra geral tem sido a da intervenção.

Michael Walzer nos faz recordar que a soberania e a intervenção guardam relação direta com o termo *tolerância*. A soberania garante que aquele que está do lado de fora da fronteira não poderá interferir no que é feito dentro dela. Terá de tolerar a prática de atos por um Estado, a fim de que também seus atos sejam tolerados (*"nós não nos preocuparemos com as suas condutas se você não se preocupar

---

[96] PEREIRA, op. cit., p. 103.
[97] LITRENTO, Oliveiros. *Manual de direito internacional público*. 2ª ed. Rio de Janeiro: Editora Forense, 1979, p. 344.

com as nossas").[98] O direito de intervenção surgirá, portanto, quando os atos de um Estado não puderem ser tolerados pelos outros. Quando os atos forem tão discrepantes daquilo que se espera para uma convivência pacífica na comunidade internacional, serão adotadas medidas de intervenção, a fim de se coibir o ato indesejado. Em sua análise, Michael Walzer conclui que "*atos ou condutas que choquem a consciência dos seres humanos não são, em princípio tolerados* [...] *Os princípios da independência política e da integridade territorial não protegem o barbarismo*".[99]

Ao destinarmos um tópico neste trabalho sobre o princípio da não intervenção, não tivemos como propósito tratar de todas as peculiaridades de tão vasto instituto de Direito Internacional. Não foi essa a primordial finalidade. Por outro lado, o objetivo foi o de destacar que, a despeito de existir o princípio da não intervenção, há inúmeras ingerências de Estados e de órgãos multilaterais que acabam por, de forma dissimulada, distorcer a aplicação desse princípio.

Ações de caráter econômico que fulminem a independência de um Estado e que sejam capazes de limitar o seu desempenho orçamentário constituem verdadeiros exemplos do que pretendemos ilustrar. É interessante que desde o surgimento da doutrina Drago[100] não se tem permitido a intervenção militar

---

98 Tradução livre do seguinte texto: "*We won't worry about your practices if you don't worry about ours*". WALZER, Michael. *On toleration.* Yale University Press, 1997, p. 20.

99 Tradução livre do seguinte texto: "*Acts or practices that shock the conscience of humankind are, in principle, not tolerated.* [...] *The principles of political independence and territorial integrity do not protect barbarism*". Ibidem, p. 21.

100 De acordo com Hildebrando Accioly, "[...] um ministro das Relações Exteriores da Argentina, Luís Maria Drago, criou a doutrina que traz o seu nome e que consiste, essencialmente, no repúdio do recurso à força para obrigar um Estado a pagar suas dívidas públicas. Essa doutrina foi proclamada como um protesto contra a demonstração naval da Alemanha, Inglaterra e Itália, em dezembro de 1902, contra a Venezuela, levada a efeito para forçar o governo a pagar dívidas de quem eram credores nacionais daquelas três potências. Drago não negava a obrigação da nação devedora de reconhecer as respectivas dívidas e procurar liquidá-las, mas condenava a cobrança coercitiva destas, como capaz de conduzir as nações mais fracas à ruína e até à absorção dos respectivos governos pelos das nações mais poderosas. [...] Mais tarde, essa doutrina foi submetida à 2ª Conferência da Paz, realizada em Haia em 1907, sendo transformada na chamada Convenção Porter, que condena o emprego da força para a cobrança das mencionadas dívidas, cujo pagamento seja reclamado do governo". ACCIOLY, op. cit., p. 46-47.

para a cobrança coercitiva de débitos de um Estado. Entretanto, vale registrar que a força bélica foi satisfatoriamente substituída por mecanismos econômicos de coerção.

A soberania, como princípio constitucional que é, com a finalidade específica de conferir efetividade às normas jurídicas e de assegurar a autodeterminação de um povo,[101] não pode ser interpretada de modo a facilitar a intervenção, manifestada de todas as formas em outros Estados. Certos atos podem parecer práticas naturais ou até mesmo competitivas, mas podem ser capazes de afetar a soberania quando o tema disser respeito, por exemplo, à ingerência econômica promovida por Estados ricos em países comprometidos financeiramente. É preciso ter muita atenção, pois vivemos em um período histórico em que os Estados Unidos da América desempenham um poder imperial colossal e, por vezes, é natural que a preservação da *Pax Americana* seja alcançada com argumentos favoráveis à intervenção.[102] Cada caso específico há de ser cuidadosamente apreciado.

A intervenção deve ser evitada, notadamente quando possuir finalidades escusas, como a de, ao violar a soberania estatal, impor uma determinada filosofia política ou um certo modelo econômico.

Ainda nos dias de hoje, o Estado protege, de um modo geral, o seu nacional de uma maneira mais intensa do que o estrangeiro. Não existe no mundo, ao menos na atual fase de desenvolvimento

---

101 Oliveiros Litrento destaca, com propriedade, que "*o princípio da não intervenção é um complemento do princípio da autodeterminação dos povos* [...] *não sendo a soberania produto do consentimento popular, exercida por governantes não legitimados pela forma democrática de governo, há sem dúvida, oposição entre soberania e autodeterminação.* [...] *Não se confundindo, em sentido estrito, soberania e autodeterminação, há, ainda, oposição irredutível entre ambas, quando a soberania nacional, pretendendo identificar-se ao direito de autodeterminação, é exercida por um governo antidemocrático, totalitário ou autocrático*". Manual de direito internacional público. 2ª ed. Rio de Janeiro: Editora Forense, 1979, p. 304-306.

102 Conforme salienta o Embaixador Carlos Augusto Santos Neves: "Vivem os Estados Unidos da América um momento imperial. Temos que olhar para esse momento pelas suas características de Império, no sentido histórico mais tradicional e mais estrito da palavra. Não é o império britânico, não é o império português. Estamos falando dos grandes impérios: Império Romano, Império Persa, do Império Chinês". NEVES, Carlos Augusto Santos. Governança global: regras para ordenar um mundo anárquico. In: *Governança global*. n. 16. Konrad Adenauer Stiftung, 1999, p. 63.

em que nos encontramos, um real espírito de tutela universal dos seres humanos. A realidade é que a proteção dos interesses dos filhos da pátria tem excluído (ou diminuído) a proteção dos interesses dos estrangeiros, dos filhos dos vizinhos. Nos termos do que disse Jacob Dolinger, *"toda nação é como uma família, cujos pais cuidam de seus filhos e dão um sorriso para os filhos do vizinho"*.[103]

Enquanto não existir um sentimento global de proteção equânime de todos os seres e houver dificuldade para se determinar se uma intervenção é boa ou má, e nesse campo parece que nunca haverá uma certeza absoluta, soa--nos recomendável que a regra geral permaneça a da não intervenção.[104] E, quando ela for indispensável, que seja feita em caráter transitório em decorrência de um dever mútuo de assistência e que seja realizada, apenas, com o intuito de viabilizar que a sociedade que sofreu a intervenção possa, no futuro próximo, caminhar com as próprias pernas.

---

103 DOLINGER, Jacob. Terrorismo do estado no século XX – lições para o século XXI. *Revista CEJ*, n. 18, ano VI, set. 2002, p. 69.

104 Aproveitamos o ensejo para transcrever duas indagações do ilustre professor de Ciência Política, Bertrand Badie, específicas sobre o caráter maléfico ou benéfico da intervenção: "*Quem distingue entre a boa e a má intervenção? Quem pode garantir que Restore Hope não foi decidida para proteger os interesses estratégicos dos Estados Unidos antes de servir para aliviar o povo somaliano?*" Tradução livre do seguinte texto: "*Qui distinguera entre la bonne et la mauvaise intervention? Qui peut garantir que Restore Hope ne fut pas décidée pour promouvir les intérêts stratégiques des États-Unis avant de servir a soulager le peuple somalien?*" BADIE, op. cit., p. 14-15.

CAPÍTULO 3

A SOBERANIA E O DIREITO BRASILEIRO

3.1 A Soberania na Constituição da República. 3.2 A Soberania nos Tribunais. Controle do Poder Judiciário sobre a Soberania. 3.3 O Emprego de Princípios Constitucionais para Delimitar o Alcance da Soberania. 3.4 Exercício da Soberania através do Plebiscito, Referendo e Iniciativa Popular.

3.1. A SOBERANIA NA CONSTITUIÇÃO DA REPÚBLICA

A Constituição brasileira traz menção expressa à soberania em diversos artigos de alta relevância para a existência do Estado, o que já denota preocupação do constituinte com esse princípio e com sua imprescindibilidade para o funcionamento de um Estado Democrático de Direito.

Logo no primeiro artigo da Carta Magna, a soberania é definida como o fundamento da República Federativa do Brasil. Assim dispõe o texto:

Art. 1º A República Federativa do Brasil, formada pela união indissolúvel dos Estados, Municípios e do Distrito Federal, constitui-se em Estado

Democrático de Direito e tem como fundamentos:

I – a soberania;

II – a cidadania;

III – a dignidade da pessoa humana;

IV – os valores sociais do trabalho e da livre-iniciativa;

V – o pluralismo político.

Parágrafo único. Todo o poder emana do povo, que o exerce por meio de representantes eleitos ou diretamente, nos termos desta Constituição.

Em razão do que dispõe o diploma constitucional, somente se houver um exercício soberano do poder é que há de se falar em Estado Democrático de Direito no Brasil. Não há outra solução. Sem que a soberania seja assegurada, o Estado brasileiro deixa de ter um de seus fundamentos e passa a existir em caráter precário e moribundo.

Impende, entretanto, asseverar que a inserção do princípio da soberania no primeiro inciso do artigo primeiro da Constituição de 1988 não afasta a necessidade de sua confrontação com os demais princípios constitucionais, inclusive com os demais princípios que fundamentam o Estado brasileiro. Cidadania, dignidade da pessoa, valores sociais do trabalho e da livre-iniciativa e pluralismo político também são admitidos, em conjunto com a soberania, como elementos a serem sopesados diante do caso concreto.

Mais adiante no texto constitucional, uma segunda menção é feita à soberania.

O art. 5º, inciso LXXI, estabelece que:

LXXI – Conceder-se-á mandado de injunção sempre que a falta de norma regulamentadora torne inviável o exercício de direitos e liberdades constitucionais e das prerrogativas inerentes à nacionalidade, à soberania e à cidadania;

Restando inviabilizado o exercício das prerrogativas inerentes à soberania, será admitido o manejo do mandado de injunção. Sem adentrarmos o debate relativo à interpretação conferida pelo Supremo Tribunal Federal aos efeitos do mandado de injunção, por ele se distanciar do objeto deste trabalho, podemos afirmar que o inciso LXXI exige uma aplicação cuidadosa. O que poderia ser entendido como prerrogativa inerente à soberania? Que prerrogativa inerente à soberania seria hábil a autorizar a utilização do mandado de injunção?

Primeiramente, antes mesmo de apresentarmos elementos para uma possível resposta, convém ressaltar que há distintos posicionamentos na doutrina acerca do objeto de proteção do mandado de injunção, vale dizer, há divergência em relação a que direitos a ausência de regulamentação poderia ser suprida pelo mandado de injunção.

Há quem defenda, por exemplo, que o texto constitucional somente permite a utilização do mandado de injunção quando a ausência da norma regulamentadora tornar inviável o exercício das prerrogativas inerentes à nacionalidade, à soberania e à cidadania. Fora dessas situações, como, por exemplo, no caso dos direitos sociais, não seria possível remediar a ausência da norma jurídica com o mandado de injunção. Esse posicionamento, que restringe em demasia o alcance do mandado de injunção e estreita sua incidência aos direitos individuais do art. 5º da Carta Magna e aos direitos previstos nos seus arts. 12 a 16, foi defendido por Manoel Gonçalves Ferreira Filho.[1]

---

1 "O mandado de injunção tem um campo restrito. [...] não alcança outros direitos, por exemplo, os inscritos entre os direitos sociais. Realmente, a parte final – 'inerentes à nacionalidade, à soberania e à cidadania' – restringe o alcance desse mandado. Ele serve para garantir os direitos, liberdades e prerrogativas diretamente vinculados ao status de nacional (os do art. 5º, cujo caput reconhece aos brasileiros determinados direitos fundamentais, ou que possam ser deduzidos do Cap. III do Tít. II, capítulo este relativo à nacionalidade), ao de cidadão, quer dizer, o nacional politicamente ativo que, como integrante do povo, o soberano

Uma outra corrente doutrinária sustenta que o mandado de injunção unicamente poderia ser empregado para suprir a ausência de norma que regulamentasse os direitos previstos no Título II da Carta de 88 (arts. 5º ao 17º). Os direitos e liberdades constitucionais mencionados no inciso LXXI seriam, conforme defende Celso Bastos, tão-somente aqueles do Título II.[2] Nenhum outro direito constitucional poderia ensejar a utilização do aludido remédio constitucional.

Por outro lado, Luís Roberto Barroso,[3] Flávia Piovesan,[4] Carlos Ari Sundfeld,[5] dentre outros, são do entendimento de que não há razões para a existência de restrições aos direitos constitucionais que poderão ensejar o ajuizamento do mandado de injunção. Segundo eles, com o que concordamos, o mandado de injunção poderia ser utilizado em relação a qualquer direito e liberdade constitucional que tenha se inviabilizado em razão da sua não-regulamentação. Não cabe ao hermeneuta restringir quando o texto constitucional não o fez.

Convém comentar que o posicionamento do Supremo Tribunal Federal se deu neste mesmo sentido, conforme se pode depreender, em caráter exemplificativo, da leitura do mandado de injunção nº 283-5,[6] em que restou decidida questão sobre a ausência de regulamentação do art. 8º, § 3º, do Ato das

---

na democracia, tem a participação no governo, como o direito de voto e a elegibilidade (são os direitos, liberdades e prerrogativas que podem ser deduzidos do Cap. IV do Tít. II – capítulo sobre os 'Direitos políticos')". FERREIRA FILHO, Manoel Gonçalves. *Curso de direito constitucional*, 18ª ed., rev. e atual.. São Paulo: Saraiva, p. 276-277.

2 "[...] o propósito da garantia não é colher todo e qualquer direito da Constituição. [...] quer-nos parecer que a melhor interpretação é a que faz recair a tutela do mandado de injunção sobre os direitos subsumidos debaixo do Título II da Constituição, aí incluídos obviamente os direitos de nacionalidade, os políticos e também os relativos à soberania nacional". BASTOS, Celso Ribeiro. *Curso de direito constitucional*. 11ª ed., reformulada de acordo com a Constituição Federal de 1988. São Paulo: Saraiva, 1989, p. 222.

3 BARROSO, Luís Roberto. O mandado de injunção como novo remédio jurídico constitucional. *Revista de Direito da Procuradoria-Geral do Estado do Rio de Janeiro*, Rio de Janeiro, n. 43, 1991, p. 101.

4 PIOVESAN, Flávia. *Proteção judicial contra omissões legislativas. Ação direta de inconstitucionalidade por omissão e mandado de injunção*. São Paulo: Revista dos Tribunais, 1995, p. 122-123.

5 SUNDFELD, Carlos Ari. Mandado de injunção. *Revista de Direito Público*, São Paulo, n. 94, ano 23, Revista dos Tribunais, p. 148.

6 BRASIL. Supremo Tribunal Federal. Mandado de Injunção nº 283-5. Rel. Min. Sepúlveda Pertence. DJ de 14/11/1991, p. 16.355-6.

Disposições Constitucionais Transitórias (ADCT). Uma vez que houve apreciação pelo STF de omissão em relação a dispositivo do ADCT, pode-se concluir, por razões naturais, que o emprego do mandado de injunção não ficou limitado às hipóteses do Título II da Constituição da República.

Há de se destacar que essas correntes doutrinárias são admitidas, por vezes, com algumas variações. À guisa de ilustração, Sérgio Bermudes, acompanhando o pensamento de José Carlos Barbosa Moreira, defende não somente que todos os direitos e liberdades constitucionais poderiam autorizar o manejo do mandado de injunção, mas, além disso, sustenta que qualquer violação, ainda que infraconstitucional, às prerrogativas inerentes à nacionalidade, à cidadania e à soberania também poderia justificar a sua utilização.[7] De acordo com esses dois juristas, os direitos e liberdades é que teriam de ser previstos na Constituição, enquanto as prerrogativas mencionadas no inciso LXXI (nacionalidade, soberania e cidadania) também poderiam dizer respeito a normas infraconstitucionais.

Feitos esses comentários com o intuito de demonstrar a divergência sobre a matéria, é possível perceber que, além da dificuldade de identificar os direitos que o mandado de injunção se destina a tutelar, ainda subsiste o problema da definição do que seriam as prerrogativas inerentes à soberania.

Nesse tema, a doutrina também não é uníssona. Celso Agrícola Barbi, por exemplo, após dissertar sobre as prerrogativas inerentes à cidadania e à nacionalidade, afirma que "*de compreensão menos fácil parecem ser as prerrogativas de soberania, porque esta, com mais frequência, é considerada como atributo do Estado, da Nação, ou do Poder Constituinte, e não do indivíduo*".[8] Em sentido semelhante, Celso Bastos afirma ser difícil extrair o que seja uma prerrogativa inerente à soberania.[9]

---

7 BERMUDES, Sérgio. O mandado de injunção. *Revista dos Tribunais*, São Paulo, ano 78, v. 642, abr. 1989, p. 21-22.

8 BARBI, Celso Agrícola. Mandado de injunção. *Revista dos Tribunais*, São Paulo, ano 77, v. 637, nov. 1988, p. 8.

9 BASTOS, Celso Ribeiro. *Curso de direito constitucional*. 11ª ed., reformulada de acordo com a Constituição Federal de 1988. São Paulo: Saraiva, 1989, p. 222.

Apesar de reconhecer a dificuldade da sua definição, Celso Agrícola Barbi defende que essas prerrogativas seriam exclusivamente aquelas relativas à soberania popular:

> É possível pensar que o legislador tem em vista a soberania popular, a qual é referida no art. 14, com os meios de seu exercício, isto é, sufrágio universal, voto secreto e direto, com igual valor para todos, mediante plebiscito, referendo e iniciativa popular.[10]

No mesmo sentido, Luiz Flávio Gomes, ao se debruçar sobre o estudo do mandado de injunção, externou seu entendimento de que a "*soberania, aqui, significa 'soberania popular', consoante o disposto no art. 14, caput, da CF, não soberania estatal*".[11]

Quanto a esses últimos posicionamentos, é preciso destacar que não há qualquer restrição no texto constitucional capaz de autorizar a limitação do objeto das prerrogativas inerentes à soberania ao âmbito da soberania popular. Por esse motivo, parece-nos mais correta a ideia sustentada por Carlos Ari Sundfeld, para quem "*a Constituição fala de soberania em dois sentidos: 1. a soberania do Estado brasileiro, em relação aos demais Estados e entidades internacionais, o que é fundamento da República brasileira (art. 1º, I); 2. a soberania popular [...]*".[12]

A Carta Magna não faz menção alguma sobre quais seriam as prerrogativas inerentes à soberania. Diante dessa realidade e com a preocupação de não tornar letra morta o dispositivo constitucional que dispõe sobre o mandado de injunção, pensamos que a expressão *prerrogativa inerente à soberania* deva ser compreendida no sentido mais amplo possível. Poderá ser manejado o mandado de injunção se houver ausência de uma norma que inviabilize o exercício da soberania pelo Estado e o exercício da soberania pelo povo.

---

10 *Ibidem*, loc. cit.
11 GOMES, Luiz Flávio. Anotações sobre o mandado de injunção. *Revista dos Tribunais*, São Paulo, ano 78, v. 647, set. 1989, p. 40.
12 SUNDFELD, op. cit., p. 148-149.

Exemplo da primeira situação pode ser constatado na eventual ausência de lei complementar que disponha sobre o trânsito de forças estrangeiras pelo território nacional, conforme previsto no art. 21, IV, da Constituição da República.[13] O exercício da soberania fica a depender, nesse caso, de lei complementar e, na sua ausência, caberá manejar o mandado de injunção.

Caso, por outro lado, a ausência seja de uma lei que disponha sobre o plebiscito, o mandado de injunção também terá cabimento.[14] É que, nos termos do que preconiza o art. 14, I, da Carta Magna, a soberania popular será exercida pelo plebiscito nos termos da lei. A ausência da lei inviabilizaria o plebiscito e, por conseguinte, o exercício da soberania popular.

Em suma, o mandado de injunção poderá ser utilizado para assegurar todas as prerrogativas inerentes à soberania, sejam elas consideradas sob a ótica do Estado ou a do povo. Qualquer omissão relacionada à soberania deve deixar de existir.

Prosseguindo na leitura da Carta de 1988, chegamos aos dispositivos constitucionais alusivos aos direitos políticos, onde, também, há expressa menção à soberania.

> Art. 14. A soberania popular será exercida pelo sufrágio universal e pelo voto direto e secreto, com valor igual para todos, e, nos termos da lei, mediante:
>
> I – plebiscito;
>
> II – referendo;
>
> III – iniciativa popular.

Aqui o termo empregado é soberania popular, o que poderá, eventualmente, levar à conclusão de que exista, no Brasil,

---

13 Cumpre registrar que o exemplo é hipotético e que tal ausência não existe, uma vez que a Lei Complementar nº 90/97 dispõe sobre os casos em que Forças Armadas poderão transitar no território nacional ou nele permanecer temporariamente.

14 Exemplo também hipotético, uma vez que a Lei nº 9.709/98 já dispõe sobre o plebiscito.

soberania que não seja popular. Não é isso o que entendemos deva ser dito sobre o *caput* do referido artigo.

Ao menos no Brasil, a soberania deve ser enxergada como de titularidade do povo. Na realidade, o uso da expressão *soberania popular* serve para demonstrar o modo como o titular da soberania, o povo, a exercerá. O termo *popular* é empregado para demarcar hipóteses em que a soberania não é exclusivamente exercida pelos Poderes da República. Trata o dispositivo de hipótese em que a vontade popular é, de forma mais direta, convolada em vontade soberana.

Caminhando adiante no texto constitucional, vislumbramos que, ao dispor sobre os partidos políticos, a Constituição utiliza, no *caput* de seu art. 17, a expressão *soberania nacional*.

> Art. 17. É livre a criação, fusão, incorporação e extinção de partidos políticos, resguardados a soberania nacional, o regime democrático, o pluripartidarismo, os direitos fundamentais da pessoa humana e os seguintes preceitos: [...]

Nesse caso, há uma expressa identificação entre a soberania e a nação brasileira. Os partidos políticos não podem opor-se à soberania do Brasil. O respeito à soberania nacional, mesmo que esse conceito tenha um caráter fluido, precisa existir, sob pena de o partido político nem mesmo poder ser criado. Mais uma vez, vale lembrar que a norma constitucional demanda interpretação cautelosa, pois, para que um partido não possa ser criado ou mantido, é preciso que a violação à soberania seja evidente. É necessário que o partido político defenda, de forma aberta, ideais comprometedores da soberania. Diante de uma incerteza da violação, a criação do partido não deve ser impedida.

Por fim, a última menção expressa à soberania constante da Constituição é feita no seu art. 170, concernente aos princípios gerais da atividade econômica, que assim preconiza:

> Art. 170. A ordem econômica, fundada na valorização do trabalho humano e na livre-iniciativa, tem por fim assegurar a todos existência digna, conforme os ditames da justiça social, observados os seguintes princípios:
>
> I – soberania nacional;
>
> II – propriedade privada;
>
> III – função social da propriedade;
>
> IV – livre concorrência;
>
> V – defesa do consumidor;
>
> VI – defesa do meio ambiente;
>
> VII – redução das desigualdades regionais e sociais;
>
> IX – tratamento favorecido para as empresas de pequeno porte constituídas sob as leis brasileiras e que tenham sede e administração no País.

Mais uma vez, talvez por razões históricas e econômicas, oriundas de períodos em que a economia brasileira possuía uma postura extremamente protecionista, a expressão *soberania nacional* foi utilizada, o que não significa que o Brasil adote um nacionalismo extremista na condução de sua política econômica. Há, apenas, prescrição de mera observância da soberania do Estado brasileiro; não se preconiza, portanto, o desenvolvimento de uma política que busque a hegemonia do capital nacional na economia.[15]

---

15 Anthony D. Smith aponta alguns argumentos éticos contra o nacionalismo exacerbado. Para ele, a preocupação com a homogeneidade cultural (inerente ao nacionalismo radical)

Ainda quanto ao emprego da expressão *soberania nacional* no art. 170 do diploma constitucional, devemos salientar que Habermas não despreza a relação existente entre o conceito de soberania e o de nação. Ao relacionar a soberania com o nacionalismo, Habermas pontificou que unicamente a consciência de uma identidade nacional é capaz de fazer com que pessoas espalhadas em grandes territórios se sintam responsáveis umas pelas outras.[16] Os cidadãos passam, portanto, a se enxergar como parte integrante de um todo (*Volksgeist*) e a soberania ganha a sua força.[17]

Pela análise de todas as referências constitucionais à soberania, podemos concluir que ela estará a todo instante submetida a ponderações. Onde quer que esteja prevista a palavra *soberania* na Constituição, será passível de relativização. O próprio art. 170 é exemplo disso. O princípio da soberania deve, no caso do art. 170, ser lido em conjunto com o princípio da livre concorrência. Uma sociedade comercial de origem estrangeira não pode, quando em regime de concorrência com sociedade comercial nacional, ser prejudicada em razão de sua origem. Há limites à soberania.

Por outro lado, é sempre bom lembrar que as expressas alusões à *soberania* feitas na Constituição da República não afastam a existência de artigos do referido diploma que, embora não a tratem explicitamente, são diretamente relacionados ao seu objeto. Os dispositivos da Carta Magna que preveem o Estado de Sítio, por exemplo, guardam uma relação imediata

---

conduz à exclusão de minorias e nega a independência, diversidade e os direitos humanos dos indivíduos. SMITH, op. cit., p. 151.

16 HABERMAS, Jürgen. The european nation state – its achievements and its limits on the past and future of sovereignty and citizenship. In: *Challenges to law at the end of the 20*[th] *Century.* 17th IVR World Congress. Bologna. Editora Clue B, 1995, p. 27.

17 Jorge Miranda bem distingue os conceito de cidadania e nacionalidade da seguinte forma: "*Cidadãos são os membros do Estado, da Civitas, os destinatários da ordem jurídica estatal, os sujeitos e súditos do poder.* [...] *Cidadania é a qualidade de cidadão.* [...] '*Nacionalidade' liga-se à nação, revela a pertença a uma nação, não a um Estado.* [...] *nacionalidade têm as pessoas colectivas e nacionalidade pode ser atribuída a coisas (navios, aeronaves), mas cidadania só possuem as pessoas singulares.* [...] *Cidadania significa ainda, mais vincadamente, a participação em Estado democrático.* [...] *A cidadania apresenta-se como status e apresenta-se, simultaneamente, como objeto de um direito fundamental das pessoas.*" MIRANDA, op. cit., p. 205 e 207.

com a soberania, uma vez que esse instituto pode ser empregado em resposta a uma agressão estrangeira.

Dessa forma, independentemente de uma referência expressa, a Constituição está estruturada e aparelhada para garantir a soberania, um dos fundamentos da República brasileira. Até mesmo o art. 53 da Constituição, que dispõe sobre as prerrogativas dos Deputados e Senadores, possui pertinência com o tema da soberania, que é, dentre outras formas, exercida através dos representantes eleitos pelo povo. Sem que eles possam exercer seu ofício de forma soberana, o Estado também deixa de ser soberano.

Com a leitura dos artigos da Constituição que se referem à soberania, podemos chegar à conclusão que ela não recebe a conotação de mero compromisso, de mera expressão desprovida de densidade normativa. Configura, na verdade, um princípio de indispensável observância pelo ordenamento jurídico brasileiro. Embora, em uma sociedade dinâmica, a Constituição tenha como pressuposto uma estrutura aberta e um certo teor de indeterminação,[18] essas características não devem servir para esvaziar a função da soberania, vale dizer, não devem permitir que a soberania seja exclusivamente empregada em tom poético, ufanista.

3.2. A SOBERANIA NOS TRIBUNAIS. CONTROLE DO PODER JUDICIÁRIO SOBRE O EXERCÍCIO DA SOBERANIA

> *O povo não tem o direito de castigar um único inocente, nem tratar como culpado um único acusado sem provas legais. Não pode, pois delegar a ninguém semelhante direito.*
> (Benjamin Constant)[19]

---

18 BONAVIDES, Paulo. *Política e Constituição. Os caminhos da democracia.* Rio de Janeiro: Forense, 1985.
19 REBECQUE, Henri Benjamin Constant de. *Princípios políticos constitucionais.* Rio de Janeiro: Editora Liber Juris, p. 71.

Outra peculiaridade da soberania é a de que o Poder Judiciário poderá assegurar e limitar o seu exercício. Incumbe ao Judiciário, no âmago das competências constitucionais que lhe são atribuídas em um Estado Democrático de Direito, controlar o alcance do exercício da soberania pelos poderes estatais, tarefa essa que também é real manifestação da soberania.

Sendo o alcance da soberania resultante da ponderação de princípios ou sendo ele decorrente da delimitação de um conceito jurídico indeterminado, o juiz estará, em ambos os casos, autorizado a se manifestar a seu respeito. Pode a autoridade judiciária entender, *v.g.*, que um determinado ato, emanado de um particular ou de um órgão ou ente estatal, inclusive alienígena, extrapola os limites permitidos pelo Estado e agride a sua soberania.

Diante dessa violação, o ato será nulo, eis que eivado de inconstitucionalidade por violar os dispositivos constitucionais referentes à soberania.

Doutrinariamente, se tem atribuído à soberania dois caracteres: um caráter positivo, compreendido como o poder de comandar e de impor a vontade, e o caráter negativo, descrito como a impossibilidade de ser o ente soberano comandado, de a ele ser imposta uma vontade. Feita essa distinção, é de se concluir que a atenção do Poder Judiciário há de ser voltada tanto para o caráter positivo da soberania quanto para o seu aspecto negativo. Nesse sentido, o Judiciário deve preocupar-se com o modo pelo qual os poderes soberanos são impostos aos súditos e o modo como outras vontades soberanas atingem o Estado.

Essa tarefa incumbe ao Poder Judiciário, pois, como bem aponta Ana Paula Barbosa, *"os juízes, por intermédio da interpretação, podem atribuir uma leitura aos princípios fundamentais mais condizente com as exigências das comunidades ou grupos sociais"*.[20] Não nos parece, portanto, ser legítima qualquer alegação de que a soberania, por englobar matéria

---

[20] BARBOSA, Ana Paula Costa. *A legitimação dos princípios constitucionais fundamentais*, Dissertação (Mestrado em Direito Público) – Faculdade de Direito, UERJ, 2000, p. 53.

de cunho político, que envolve inclusive obrigação do Estado no âmbito internacional, não poderia ser apreciada pelo Poder Judiciário. A soberania não é somente expressão da vontade de um dos poderes estatais. Ela é, ainda que não simultaneamente, exercida pelos três Poderes, que conjuntamente possuem a missão de a assegurar e garantir a concretização da vontade que irradia das normas constitucionais, expressão máxima da soberania do Estado.

Quanto mais normas jurídicas forem dotadas de eficácia simétrica,[21] mais fácil será concretizada a vontade soberana estatal. Por outro lado, não podemos ser ingênuos a ponto de desconhecer que as circunstâncias políticas e econômicas de um Estado são capazes de conter o impulso garantidor do Poder Judiciário. À semelhança do que ocorreu na experiência histórica brasileira, a Argentina também vivenciou os seus anos de ditadura. E lá, assim como aqui, os direitos fundamentais foram violados sem que o Poder Judiciário tivesse meios hábeis ou vontade política para coibir as injustiças praticadas contra inúmeros seres humanos. Sobre o assunto, Carlos Santiago Nino nos traz à memória que

> El poder judicial fue especialmente impotente para contener el avassallamiento de los derechos fundamentales. La Corte Suprema convalidó el esquema fundamental de poder y las principales medidas tomadas por el régimen – como el sometimiento de civiles a tribunales militares o la suspensión del derecho de salir del país para los detenidos por el estado de sítio – no obstante la obvia inconstitucionalidad de muchas de ellas. Con respecto a las desapariciones, la práctica judicial era la de rechazar los habeas corpus

---

21 Ana Paula de Barcellos emprega a expressão eficácia jurídica simétrica ou positiva para as situações de *"identidade, simetria, entre o conteúdo da eficácia jurídica – isto é: aquilo que se pode exigir judicialmente – e os efeitos pretendidos pela norma. A modalidade de eficácia jurídica simétrica descreve a perfeita identificação entre os efeitos desejados pela norma e a eficácia jurídica que lhe é reconhecida, na mesma imagem de dois triângulos simétricos opostos"*. In: *A eficácia jurídica dos princípios constitucionais. O princípio da dignidade da pessoa humana*. Rio de Janeiro: Renovar, 2002, p. 61.

presentados por familiares de las víctimas, frente a la información rutinaria de los órganos políticos de que se desconocía el paradero político de esas personas.[22]

E nunca se disse que o Poder Judiciário não exercesse naquele período histórico, seja aqui ou na Argentina, o seu mister de forma soberana.

O efetivo exercício da soberania pelos juízes é claramente moldado pela realidade e pelas circunstâncias, que, inclusive, afetam e influenciam o próprio perfil dos magistrados.[23] A efetividade das normas jurídicas variará conforme o momento em que o provimento judicial for proferido. Se uma sentença condenando o Estado a pagar um determinado montante a um particular for proferida em um momento de boa saúde financeira estatal, provavelmente não haverá muita dificuldade para o cumprimento desse ato jurisdicional.

As normas jurídicas, e principalmente as normas constitucionais, não são criadas no vácuo. Elas surgem em um determinado momento histórico e devem estar em sintonia com os anseios do tempo de sua vigência, a fim de que sua materialização possa ser mais eficazmente assegurada. Sobre esse aspecto, Konrad Hesse nos traz à memória que:

> *Toda constituição, ainda que considerada como simples construção teórica, deve encontrar um germe material de sua força material no tempo, nas circunstâncias, no caráter nacional, necessitando apenas de desenvolvimento. [...] a constituição, entendida aqui como constituição jurídica, não deve procurar construir o Estado de forma abstrata. Ela não logra produzir nada que já não esteja assente na natureza singular do presente (individuelle Beschaffenheit der*

---

22 NINO, op. cit., p. 145.
23 Para quem pretender aprofundar-se no perfil de magistrados brasileiros, recomendável é a leitura do livro *Juízes: retrato em preto e branco*, que traz uma detalhada pesquisa feita com juízes de direito do Estado do Rio de Janeiro aprovados nos concursos públicos realizados após 1988. JUNQUEIRA, Eliane Botelho, VIEIRA, José Ribas, FONSECA, Maria Guadalupe Piragibe da. Rio de Janeiro: Editora LetraCapital, 1997.

Gegenwart). [...] *Quanto mais o conteúdo de uma constituição lograr corresponder à natureza singular do presente, tanto mais seguro há de ser o desenvolvimento de sua força normativa.*[24]

Diante dessa realidade, o papel a ser desempenhado pelo Poder Judiciário, ainda que relevando as condições propiciadas pelo momento histórico e as suas limitações pessoais e institucionais, é o de diminuir o vão existente entre a norma jurídica criada pelo Estado e a realidade que lhe foi apresentada. Com a busca da diminuição desse *gap*, é que o Judiciário estará exercendo dignamente e com responsabilidade parcela da soberania estatal. É assim que se conseguirá conferir efetividade às normas jurídicas e concretizar, ao máximo, as pretensões de uma sociedade.

É tarefa do Poder Judiciário, portanto, envidar esforços para estreitar a distância entre a realidade e as previsões do ordenamento, bem como repelir, de forma eficaz, as violações às normas jurídicas. Quanto a esse último aspecto, valiosa a lição de Zippelius ao asseverar que *"o Estado que reage de forma pouco enérgica às violações do direito, prejudica também indiretamente o funcionamento normal da ordem jurídica".*[25] Diante de uma violação, a resposta estatal há de ser imediata e eficaz, a fim de que os cidadãos possam compreender a relevância da observância das normas.

Com efeito, o descumprimento de decisões judiciais deve ser encarado como uma ofensa à soberania, pois estará impedindo o seu regular exercício por um dos Poderes da República. Aliás, nesse mesmo sentido já decidiu o Egrégio Superior Tribunal de Justiça ao reconhecer expressamente que *"o descumprimento de ordem judicial afeta a soberania do Estado, porque atingido um dos seus Poderes"*[26] e que *"o Estado de Direito tem como um dos*

---

24 HESSE, Konrad. *A força normativa da Constituição.* Tradução de Gilmar Ferreira Mendes. Sergio Antonio Fabris Editor, p. 17-18 e 20.
25 ZIPPELIUS, op. cit., p. 69.
26 BRASIL. Superior Tribunal de Justiça. Reclamação nº 553. Rel. Min. Humberto Gomes de Barros. Rel. Acórdão Min. Milton Luiz Pereira. Processo: 199800297740. Primeira Seção. Data: 25/11/1998. DJ 10/04/2000 p. 66, JSTJ v. 16, p. 199, RSTJ v. 143, p. 73.

pressupostos basilares a soberania das decisões judiciais, que não podem ser obstruídas por entraves de natureza burocrática."[27]

A apreciação jurisdicional de conflitos é exercício da soberania e deve ter como uma de suas finalidades alcançar a efetividade das normas jurídicas, sobretudo das normas constitucionais.

Vejamos um exemplo atual em que a atuação do Poder Judiciário se torna relevante.

Nos dias de hoje, a procura de empresas, notadamente as transnacionais, por um porto seguro para o desempenho de suas atividades tem gerado a celebração de acordos e negociações com autoridades estatais. Guerras fiscais entre Municípios, entre Estados-membros e entre Países podem provocar o surgimento de documentos que reconheçam direitos aos particulares capazes de incentivar que eles se instalem em um determinado local.

Há possibilidade, por exemplo, de um Governador de um Estado-membro brasileiro assinar um Protocolo de Intenções ou um contrato em que esse ente da Federação se obriga a elaborar lei que isente a empresa celebrante de pagar ICMS por 20 anos caso ela se instale em seu território.

Pode tal negócio jurídico criar uma obrigação para o Poder Público capaz de o compelir a elaborar e promulgar uma lei?

Parece-nos que, diante dessas circunstâncias, o pacto celebrado pelo Estado com particulares e que envolve matérias inerentes à sua soberania não deverá produzir seus efeitos e, nesse caso, caberá ao Judiciário, após ser provocado, decidir. A soberania possui não somente um aspecto positivo (capacidade do poder de se impor), mas também um aspecto negativo capaz de obstar a limitação jurídica e o condicionamento do exercício do poder estatal por atos oriundos de particulares.[28]

Não pode o Estado ser compelido, pela via contratual, a legislar de uma certa maneira. Nesse caso, o Estado torna-se irresponsável,

---

27 BRASIL. Superior Tribunal de Justiça. Mandado de Segurança nº 4.283. Rel. Min. Vicente Leal. Processo: 199500590948. Terceira Seção. Data: 24/09/1997. DJ 27/10/1997, p. 54.704.
28 Sobre os dois aspectos da soberania, consulte JELLINEK, op. cit., p. 361.

pois não está o chefe do Poder Executivo autorizado a obrigar o Legislativo a agir em um determinado sentido.

Legislar é ato de soberania e não pode o Poder Público restringir sua soberania por meio de um negócio jurídico, especialmente quando o pacto for celebrado com particulares. A elaboração de leis é um processo dinâmico e que brota conforme os anseios momentâneos de toda a comunidade e esse processo não pode ficar condicionado a pactos comerciais equivocadamente celebrados pelo Poder Público.

Uma outra indagação que surge é quanto à responsabilidade do Estado por ato emanado do seu Poder Judiciário. Se a atividade jurisdicional é expressão de soberania, deve o Estado responder por atos decisórios de seus Tribunais?

Se o ato judicial ainda não transitou em julgado ou precluiu, cabe à parte interessada interpor o recurso cabível. Se já houve, por outro lado, o trânsito em julgado, presume-se que o Estado tenha decidido da maneira adequada, caso contrário não teria a parte ficado inerte (caso não tenha recorrido) ou não teria havido a confirmação pelos Tribunais Superiores do que fora decidido originariamente.

Por esses motivos, a jurisprudência tem cotidianamente afastado a responsabilidade do Poder Judiciário, que irá, por outro lado, somente subsistir nos casos previstos em lei. Vejamos alguns exemplos de decisões.

Supremo Tribunal Federal:

> Responsabilidade Objetiva do Estado. Ato do Poder Judiciário.
>
> O princípio da responsabilidade objetiva do Estado não se aplica aos atos do Poder Judiciário, salvo os casos expressamente declarados em lei.
>
> Orientação assentada na Jurisprudência do STF.
>
> Recurso conhecido e provido.[29]

---

29 BRASIL. Supremo Tribunal Federal. Primeira Turma. Recurso Extraordinário nº 219.117. Rel. Min. Ilmar Galvão. Votação: Unânime. Julgamento: 03/08/1999. DJ 29/10/1999, p. 20,

No acórdão objeto do recurso extraordinário ficou acentuado que o Estado não é civilmente responsável pelos atos do Poder Judiciário, a não ser nos casos expressamente declarados em lei, porquanto a administração da justiça é um dos privilégios da soberania. Assim, pela demora da decisão de uma causa responde civilmente o Juiz, quando incorrer em dolo ou fraude, ou ainda sem justo motivo recusar, omitir ou retardar medidas que deve ordenar de oficio ou a requerimento da parte (art. 121 do Cód. Proc. Civil) [...] Aferição de matéria de prova (Súmula nº 279). Recurso extraordinário não conhecido.[30]

1) Ação Criminal Privada. Demora no seu Andamento.

2) A atividade jurisdicional do Estado, manifestação de sua soberania, só pode gerar a responsabilidade civil quando efetuada com culpa, em detrimento dos preceitos legais reguladores da espécie.

3) Recurso Extraordinário conhecido e não provido.[31]

Com efeito, há ocasiões excepcionais que acarretam a responsabilidade do Estado por atos do Poder Judiciário. Decisões judiciais equivocadamente proferidas de forma dolosa ou com culpa grave podem existir e, ainda, restrições do acesso à Justiça podem ocorrer. Isso se verificando, os atos praticados darão ensejo à responsabilidade (interna e internacional) do Estado por atos emanados do seu Poder Judiciário.

Fato de se destacar é que, mesmo no caso de uma sentença judicial que reconheça a responsabilidade do Estado, a decisão errada não é, como regra, substituída por uma outra, pois isso violaria a soberania. O que ocorre é o reconhecimento de que

---

Ement. v. 1969-03, p. 574. Recorrente: Estado do Paraná. Recorrido: Maria de Lourdes Dalri.
30 BRASIL. Supremo Tribunal Federal. Tribunal Pleno. Recurso Extraordinário nº 70.121. Rel. Min. Aliomar Baleeiro. Rel. Acórdão: Min. Djaci Falcão. Julgamento: 1973. DJ 30/03/1973, ement. v. 904-01, p. 165. RTJ v. 64-03, p. 689.
31 BRASIL. Supremo Tribunal Federal. Segunda Turma. Recurso Extraordinário nº 32.518. Rel. Min. Aliomar Baleeiro. Julgamento: 21/06/1966. DJ 23/11/1966.

tal manifestação judicial está viciada e que ela acarreta uma responsabilidade para o Estado.

Vejamos a lição de Hildebrando Accioly sobre o tema:

> [...] *o direito internacional toma a decisão ou o ato de um tribunal nacional simplesmente como uma das manifestações da atividade do Estado. Se, em tal manifestação, existe a violação de obrigações internacionais, o Estado deve por ela responder.* [...] *ninguém contestará que isso sucede na hipótese de denegação de justiça.* [...] *Assim, se um tribunal comete um erro, com relação a um fato ou a uma causa que julga ou à interpretação de uma lei interna, mas procedeu de boa-fé, dentro dos limites de sua competência, e observou as formalidades legais, não há base, em princípio, para uma reclamação diplomática ou para que se declare comprometida a responsabilidade do Estado. Ainda, a propósito de sentença manifestamente injusta, é de se ter em vista que, se uma questão dessa natureza é submetida a um juízo internacional, a função deste não deverá ser a de rever ou reformar a decisão incriminada, mas a de dizer se o caso importou em violação de alguma obrigação internacional e, eventualmente, determinar a reparação devida pela falta cometida.*[32]

Convém salientar, por oportuno, que a jurisprudência brasileira tem admitido existir uma diferença ontológica entre os diversos tipos de atos estatais. Segundo o Superior Tribunal de Justiça e o Supremo Tribunal Federal, há distinção entre um "ato de soberania" e um "ato administrativo". O reconhecimento judicial dessa situação é marcante, pois possibilita que um ato de soberania seja praticado pelo Estado sem a observância de

---
[32] ACCIOLY, op. cit., p. 57-58.

todos os requisitos para a validade dos atos administrativos.

Pela sua relevância, merece ser lida a diferenciação feita nos termos da jurisprudência a seguir transcrita, que, no caso específico, dispensou a apresentação de motivos para a prática de um ato tido como ato de soberania.

Vejamos o que foi decidido.

Superior Tribunal de Justiça:

Administrativo. Constitucional. Cônsul honorário. Recusa.

1. O cidadão brasileiro que recebe Carta Patente de Estado estrangeiro para representá-lo como Cônsul Honorário, em determinado Estado brasileiro, não tem direito líquido e certo a ver tal solicitação ser merecedora de *exequatur* do Brasil.

2. Atividade decorrente do exercício da soberania que não exige motivação do ato.

3. Aplicação dos arts. 11 e 12 da Convenção de Viena sobre Relações Consulares.

4. Denegação da segurança.[33]

Supremo Tribunal Federal:

Mandado de segurança. Recurso ordinário. Cônsul honorário. Natureza jurídica do ato de recusa por parte do Estado receptor.

– Ao contrário do que pretende o recorrente, o *exequatur*, ainda quando se trate, como se trata, de *consul electus*, que entre nós tem a denominação de "cônsul honorário" e que não é, como o *consul*

---

[33] BRASIL. Superior Tribunal de Justiça. Mandado de Segurança nº 6.713. Rel. Min. José Delgado. Processo: 199901145830. Primeira Seção. Data: 10/05/2000. DJ 07/08/2000, p. 96, LEXSTJ v. 135, p. 47, Vistos, relatados e discutidos estes autos, acordam os Exmos. Srs. Ministros da Primeira Seção do Superior Tribunal de Justiça, por unanimidade, denegar a segurança, nos termos do voto do Exmo. Sr. Ministro Relator. Votaram com o Relator os Exmos. Srs. Ministros Eliana Calmon, Paulo Gallotti, Francisco Falcão, Franciulli Netto, Nancy Andrighi, Garcia Vieira e Milton Luiz Pereira. Ausente, justificadamente, o Exmo. Sr. Ministro Francisco Peçanha Martins.

missus, funcionário do Estado que o nomeia, não é ato administrativo, mas ato de exercício de soberania por parte do Estado receptor que, pelo art. 12 da Convenção de Viena regularmente inserida em nosso ordenamento jurídico, pode negar a sua concessão sem estar obrigado a comunicar ao Estado que envia os motivos dessa recusa quer diga respeito a *consul missus* (que é funcionário do Estado que o envia), quer diga respeito a *consul electus* (que não é funcionário do Estado estrangeiro, mas por ele escolhido inclusive dentre nacionais do Estado receptor). É ato de soberania do Estado receptor em face do Estado que solicita o *exequatur*, no âmbito do direito internacional público, e não ato administrativo daquele Estado (o receptor) em relação a este, ou daquele em relação ao *consul missus* ou ao *consul electus*. Recurso ordinário a que se nega provimento.

Votação: Unânime.[34]

Tratam-se as duas decisões de uma mesma demanda ajuizada por um brasileiro que alegava possuir direito líquido e certo de ser credenciado como Cônsul-Geral Honorário da República de El Salvador no Estado de São Paulo. Ressaltou o impetrante do mandado de segurança ser empresário bem-sucedido e que a recusa imotivada do Ministério das Relações Exteriores do Brasil ao seu credenciamento como Cônsul não poderia subsistir. Decidindo a controvérsia, tanto o Superior Tribunal de Justiça quanto o Supremo Tribunal Federal entenderam ser desnecessária a apresentação do motivo da recusa no caso concreto, por se tratar o referido ato de recusa de um ato de soberania e não de um ato administrativo.

Admitiu-se, portanto, nessas duas decisões, a prática de certos atos jurídicos estatais relacionados à soberania sem a

---

34 BRASIL. Supremo Tribunal Federal. Recurso em Mandado de Segurança nº 23.760. Rel. Min. Moreira Alves. Primeira Turma. Julgamento 20/11/2001. DJ 01/02/2002 p. 107. Ement. v. 2055-01 p. 152. Resultado: Desprovido. Recte.: Pedro Lindolfo Sarlo. Recda.: União Federal.

exposição de seus motivos. Uma vez que o ato está relacionado à soberania e não há exigência expressa no ordenamento quanto à exposição de seus motivos, ele poderá ser imotivado. Em razão desse fato, o preceito constitucional veiculado pelo art. 93, inc. X, da Carta Magna, que exige motivação das decisões administrativas dos tribunais e tem sido empregado para, também, justificar a exigência de motivação dos atos administrativos, não será aplicável quando se tratar de questão atrelada à soberania estatal. A fim de demonstrarmos o entendimento do Relator Ministro José Delgado sobre o tema, transcrevemos o trecho de seu voto no mandado de segurança nº 6.713:

> Como visto, o exercício pleno da soberania indica que a autoridade impetrada, ao não conceder o *exequatur* ao impetrante, está dispensada de motivar o ato.
>
> Esse proceder não viola o princípio da motivação expresso na Constituição Federal para a prática dos atos administrativos.
>
> Na espécie, a relação jurídica é firmada entre o Estado que outorgou a Carta Patente e o Estado receptor. Este atua com ampla discricionariedade para expedir o *exequatur*, ato de anuência, sendo lícito o seu direito de recusar imotivadamente.

Merece destaque o fato de que a distinção feita entre "atos administrativos" e "atos de soberania" pode vir a encontrar resistências na doutrina. É possível que juristas defendam, por exemplo, que o art. 93, inc. X, da Carta de 1988 obriga a motivação de todo os atos administrativos estatais cuja necessidade de exposição de motivos não tenha sido expressamente dispensada pela própria Constituição. Se o ato praticado for um ato de soberania ou um ato administrativo, o preceito da Carta Magna que exige a motivação deveria prevalecer sobre o da Convenção de Viena que a dispensa, pois esta última ingressou no ordenamento jurídico com hierarquia infraconstitucional. Além disso, também é defensável que a distinção entre "atos administrativos" e "atos de soberania" mereceria reprovação, pois seria tarefa árdua saber, em determinadas situações, se um ato é realmente um ato de soberania e quais seriam as características capazes de o identificar.

Repise-se que, no exemplo acima, o entendimento firmado pelos Tribunais Superiores foi o de que os atos de soberania não poderiam ser equiparados a atos administrativos. Não houve, portanto, segundo restou decidido, o reconhecimento e aceitação de um descumprimento da Constituição, mas mera ausência de incidência de uma determinada norma constitucional ao caso concreto.

Em outra situação completamente distinta da acima ilustrada, é possível que o Estado utilize indevidamente o princípio da soberania para desrespeitar normas jurídicas. Nesse caso, é preciso reconhecer que a prática de atos de soberania não pode servir para autorizar o descumprimento pelo Estado de suas normas, notadamente as normas constitucionais. Nessa perspectiva, não nos parece que a soberania possa servir para fazer desaparecer direitos adquiridos pelos cidadãos. Se um direito já foi adquirido, não pode o Estado, mesmo que alegue estar praticando um ato de soberania, subtraí-lo do seu súdito. Essa ação viola a Carta de 1988 e, especialmente, o inc. XXXVI do seu art. 5º que é, por força do que dispõe o inc. IV do § 4º do art. 60, também da Constituição, uma cláusula pétrea. Não poderia o Poder Público deixar de aplicar um artigo da Constituição da República utilizando o pretexto da soberania nacional.

Embora isso possa parecer indiscutível, a jurisprudência brasileira já se posicionou em sentido contrário e admitiu que os cidadãos não poderiam utilizar o princípio da aquisição de direitos para afastar uma norma que emane da soberania. Vejamos na página seguinte o que se decidiu:

Superior Tribunal de Justiça:

Comercial e Civil – Contrato de Investimento Financeiro (RDB) – Incidência de Normas de Ordem Pública – Plano Collor II – Lei nº 8.177/91.

I – No contrato de aplicação financeira (RDB), a lei cogente que rege Direito Financeiro tem incidência imediata atingindo até as avenças em curso. Essas normas emanam da própria soberania do Estado e os administrados não podem opor contra elas o princípio da aquisição de direitos.

II – Recurso conhecido e provido.[35]

Civil – Ação de Cobrança – Dívida Recorrente de Contrato Particular Aplicabilidade da Tabela de Deflação – Art. 13, do Decreto-Lei nº 2.335/87.

I – Hipótese em que se aplica a tabela de deflação, a denominada "Tablita do Plano Bresser", por força do art. 13 do Decreto-Lei nº 2.335/87, norma de ordem pública, de Direito Financeiro, de conteúdo eminentemente econômico, que incide, imediatamente, mesmo nos contratos em curso.

II – A jurisprudência do STJ assentou entendimento de que as normas de Direito Financeiro são cogentes, pois destas é que serve o Estado para sua política de controle da economia. Essas normas emanam da própria soberania do Estado e os administrados não podem opor contra elas o princípio constitucional da aquisição dos direitos.

III – Recurso conhecido e provido.[36]

---

35 BRASIL. Superior Tribunal de Justiça. Recurso Especial nº 16.0510. Rel. Min Waldemar Zveiter. Processo: 199700928110. Terceira Turma. Data: 09/03/1999. DJ 10/05/1999, p. 167. Vistos, relatados e discutidos estes autos, acordam os Senhores Ministros da Terceira Turma do Superior Tribunal de Justiça, na conformidade dos votos e das notas taquigráficas a seguir, por unanimidade, conhecer do recurso especial e lhe dar provimento. Participaram do julgamento os Senhores Ministros Menezes Direito, Nilson Naves e Eduardo Ribeiro.

36 BRASIL. Superior Tribunal de Justiça. Recurso Especial nº 16.934. Rel. Min. Waldemar Zveiter. Processo: 199100244317. Terceira Turma. Decisão: 13/04/1992. DJ 08/06/1992, p. 8.616. Decisão: Por unanimidade, conhecer do recurso especial e lhe dar provimento.

O argumento de nascimento das normas em razão da soberania do Estado não deve servir de justificativa para o descumprimento de um princípio constitucional. Não existir direito adquirido a uma relação jurídica de trato sucessivo ou a um regime jurídico é uma coisa. Outra completamente diferente, e a nosso ver inteiramente equivocada, é afirmar que um direito adquirido, isto é, um direito já incorporado ao patrimônio do cidadão, pode vir a perecer em razão de um ato de soberania, sem que o Estado fique obrigado a ressarcir qualquer prejuízo. Dessa forma, o entendimento cristalizado na jurisprudência transcrita não nos parece ser o mais correto, pois autoriza o Estado a agir irrestritamente sendo suficiente a mera alegação de que seus atos são soberanos para que ele possa violar as situações jurídicas já consolidadas e integrantes do patrimônio de cada indivíduo.

Por fim, vale lembrar que, com a evolução dos tempos, o homem vem deixando de ser enxergado tão somente como membro de uma comunidade, para passar a ser reconhecido como uma esfera de poder independente. O Estado passou a ter de servir ao homem e não exclusivamente o inverso e essa deve ser a primordial preocupação do Poder Judiciário ao defender a soberania.

3.3. O EMPREGO DE PRINCÍPIOS CONSTITUCIONAIS PARA DELIMITAR O ALCANCE DA SOBERANIA

> *As limitações do poder são decorrentes das ações que estão fora de sua competência, porque não relacionadas com a sua finalidade. Tais limitações não são mais que o clima propício ao desenvolvimento da pessoa humana, fim último do Estado. [...] A soberania assim compreendida, é a plenitude de poder que ao Estado cabe para realizar o bem comum".* (Arthur Machado Paupério)[37]

---

37 PAUPÉRIO, Arthur Machado. *Teoria democrática do poder. Teoria democrática do estado.* Rio de Janeiro: Editora Forense Universitária, 1997, p. 47.

Da mesma forma que ocorre com todos os outros princípios existentes em nosso ordenamento jurídico, a soberania também deve sofrer ponderação. Seu emprego conjunto com outros princípios constitucionais delimitará o seu verdadeiro alcance e não se deve fazer uso desse termo com a exclusiva finalidade de abolir direitos dos indivíduos.

Não é recente a preocupação dos estudiosos quanto à necessidade de fixação de barreiras ao exercício dos poderes inerentes à soberania. Benjamin Constant (1767-1830) já dizia que a soberania não era ilimitada, pois ficava circunscrita aos limites de justiça e dos direitos dos indivíduos. Sustentava ele que "*a vontade de um povo não pode tornar justo o que é injusto*". Não podem os representantes de um Estado fazer o que o próprio Estado não está autorizado a realizar. Prossegue afirmando que "*nenhum monarca, qualquer que sejam os fundamentos que invoque, o direito divino, o de conquista ou a anuência do povo, possui um poder sem limites*".[38]

Tomando por base um exemplo semelhante ao citado por Ana Paula Costa Barbosa em sua dissertação de mestrado,[39] podemos visualizar a relevância da fixação de limites à soberania. Digamos que um Estado ordene que determinados livros sejam banidos das escolas e bibliotecas públicas em razão de conterem informações sobre a cultura de outros povos. O fundamento alegado para que os livros sejam banidos é o de que eles ofenderiam a soberania nacional. Diante dessa situação, ainda que a maioria entendesse que os livros acarretam a violação da soberania, mesmo assim a minoria teria direito de os utilizar. Ana Paula Barbosa lembra que:

> *O consenso da maioria deve-se pautar por salvaguardas, que é o caso da regra da diferenciação. Isso implica dizer que existem determinadas áreas em que a maioria não pode interferir. Em direitos fundamentais básicos, como*

---
[38] REBECQUE, Henri Benjamin Constant de. *Princípios políticos constitucionais*. Rio de Janeiro: Editora Liber Juris, p. 70.
[39] BARBOSA, op. cit., p. 38.

o arrolado na primeira emenda à Constituição americana, protege-se o direito de os indivíduos se expressarem livremente, ainda que a maioria não aprove o que eles venham a dizer.[40]

A soberania não deve servir de pretexto, portanto, para abolir esses direitos.

Um dos princípios a ser considerado como capaz de limitar os excessos estatais no exercício de sua soberania é o princípio da subsidiariedade.

Destacando, de início, que o propósito aqui não é o de esgotar esse tema, pois ele, em razão de suas peculiaridades, exigiria uma dissertação específica, podemos descrever, em linhas gerais, tal princípio como decorrente da preocupação de se atingir a máxima autonomia individual possível.

O Estado deve, de acordo com o princípio da subsidiariedade, permitir que o poder decisório seja transferido, ao máximo, para os próprios indivíduos ou instituições, tais como as famílias, organizações não governamentais, associações de moradores e congêneres ou, ao menos, permitir a transferência do poder decisório para as esferas estatais de poder mais descentralizadas, isto é, que estejam mais próximas da comunidade. De acordo com as palavras de Zippelius, "*a comunidade superior deve intervir apenas na medida do necessário – ou seja, subsidiariamente*".[41] Somente quando não for possível que o nível mais descentralizado realize determinada atividade é que deverá o nível superior ser chamado para atuar.

Em obra específica sobre o princípio da subsidiariedade, Silvia Faber Torres pontifica que esse princípio faz pressupor que "*uma entidade superior não deve realizar os interesses da coletividade inferior quando esta puder supri-los por si mesma de maneira mais eficaz*".[42] Segundo Silvia Torres, o princípio da

---

40 BARBOSA, op. cit., p. 38.
41 ZIPPELIUS, op. cit., p. 160.
42 TORRES, Silvia Faber. *O princípio da subsidiariedade no direito público contemporâneo*. Rio de Janeiro: Editora Renovar, 2001, p. 3.

subsidiariedade, que exige que os poderes sejam exercidos de modo mais próximo possível dos cidadãos, foi concebido *"para proteger a esfera de autonomia dos indivíduos e da coletividade contra toda intervenção pública injustificada."*[43]

No mesmo sentido, Augusto Zimmermann chama atenção para o aspecto de que o princípio da subsidiariedade é peça basilar da doutrina social da Igreja Católica, onde o princípio serviu precipuamente para condenar a arbitrariedade do Estado e reivindicar para a pessoa uma maior autonomia. Essa doutrina perdurou ao longo dos séculos. Destaque-se que, mais recentemente, na encíclica *Centesimus Annus* de 1991 do Papa João Paulo II, foi ele reafirmado, nos seguintes termos:

> *As anomalias e defeitos, no Estado assistencial, derivam de uma inadequada compreensão de suas próprias tarefas. Também neste âmbito, se deve respeitar o princípio da subsidiariedade: uma sociedade de ordem superior não deve interferir na vida interna de uma sociedade de ordem inferior, privando-a de suas competências, mas deve antes apoiá-la em caso de necessidade e ajudá-la a coordenar a sua ação com a das outras componentes sociais, tendo em vista o bem comum.*[44]

O pluralismo social, que acarreta a existência de valores específicos e pulverizados em cada comunidade, reforça a necessidade do reconhecimento de poderes próprios no seio dos grupos sociais. Nesse contexto, conforme reconhece Silvia Torres, a essência do princípio da subsidiariedade será a de *"manter a substância dos corpos sociais que se encontram entre o indivíduo e o Estado, reconhecendo-lhes autonomia e autosuficiência"*.[45] Cada corpo social deve ser capaz de dispor sobre si da melhor maneira possível. Uma instância superior de

---
43 *Ibidem*, p. 7.
44 ZIMMERMANN, Augusto. *Teoria geral do federalismo democrático*. Editora Lumen Juris, 1999, p. 202-203.
45 TORRES, Silvia Faber. Op. cit., p. 83.

competência somente pode vir a atuar em caráter excepcional e em caso de extrema necessidade.

Há de se reconhecer que o princípio da subsidiariedade pode, ao deslocar poderes para a comunidade, esvaziar os poderes do órgão central estatal e colocar rédeas no poder soberano. Ocorre que, embora esse esvaziamento das competências do poder central possa se verificar, não significa que o Estado se torne fraco. A adoção do princípio da subsidiariedade não necessariamente acarreta o enfraquecimento do Estado, que passa, na verdade, a agir de outra forma para proporcionar o bem comum. O enfraquecimento do Estado não é, portanto, o seu propósito e nem é essa a sua obrigatória consequência.

Sob outro enfoque, quando se trata de uma integração entre Estados, como a que ocorre na Europa, esse princípio pode ser enxergado como uma necessidade do organismo supranacional (no caso, a União Europeia) somente agir quando não for recomendável a atuação dos Estados. Nesse sentido, o Tratado de Maastricht da União Europeia dispõe, em seu art. 5º, segunda alínea, que *"nos domínios que não sejam das suas atribuições exclusivas, a Comunidade intervém apenas de acordo com o princípio da subsidiariedade, se e na medida em que os objetivos da ação encarada não possam ser suficientemente realizados pelos Estados-Membros, e possam pois, devido à dimensão ou aos efeitos da ação prevista, ser melhor alcançados ao nível comunitário."*

Nesse caso, o princípio da subsidiariedade acaba por preservar o espaço soberano de cada Estado integrante da União Europeia e faz prevalecer suas decisões em detrimento daquelas emanadas da comunidade.

O atrito entre os princípios jurídicos é fenômeno que será responsável pela construção dos reais limites e alcance do poder soberano. Contudo, resta saber até que momento poderá o Estado abrir mão de parcela de seus poderes para, por exemplo, assegurar a defesa nacional.[46]

---

[46] De acordo com o art. 21 da Constituição da República, compete à União assegurar a defesa nacional.

Em sua relação com outros Estados, o Estado brasileiro realiza atos jurídicos com o propósito de tornar efetivas as suas normas. A celebração desses pactos pressupõe, necessariamente, concessões do poder estatal. Surge, então, a dúvida: até que ponto o Estado brasileiro poderá ceder e até que ponto os Estados que celebrarem pactos com o Estado brasileiro, por exemplo, poderão abrir mão de seus poderes e, ainda assim, preservar a sua soberania?

Os princípios que irradiam da Constituição brasileira são capazes de demonstrar que a soberania não é um mero poder de comando, um mero poder impositivo. Para que o resultado pretendido pela conjugação dos princípios jurídicos seja alcançado, existe a necessidade de que esse poder de comando estatal entre em contato com os poderes de outros Estados e até mesmo com poderes encontrados no seio da própria comunidade.

Seja para garantir o desenvolvimento nacional (art. 3º, II, da Constituição da República) ou para assegurar o princípio da dignidade da pessoa humana (art. 1º, III, da Carta Magna), o Estado terá de, com frequência, se relacionar com poderes externos a ele. Nesse relacionamento, o Estado brasileiro, assim como todo e qualquer Estado, terá de ceder.

Com um olhar crítico voltado para a resposta a essa dúvida, podemos dizer que identificamos três requisitos mínimos a serem observados pelos Estados para a preservação de sua soberania.

Como primeiro requisito, entendemos que o ato praticado pelo Estado *deve ser aceito pelos súditos e não ser capaz de apenas acarretar malefícios para eles*. Com relação à aceitação, vale lembrar que ela pode ser externada pela vontade do Congresso Nacional. Entretanto, a aceitação não deverá ocorrer se o ato apenas originar prejuízos e malefícios para os súditos. O Estado brasileiro não poderá, por exemplo, permitir que forças estrangeiras transitem pelo território nacional, se esse ato unicamente trouxer prejuízos para os brasileiros.

O segundo requisito diz respeito à necessidade de indispensável preocupação com a *efetividade das normas jurídicas*. É preciso que o ato permissivo estatal tenha como finalidade implementar as normas criadas pelo Estado. Vamos ao exemplo. O inc. XVIII do art. 21 da Carta Magna estabelece que compete à União promover a defesa permanente contra as calamidades públicas, especialmente as secas e as inundações. Se o Estado brasileiro celebrar pactos com outros Estados ou com a própria sociedade civil (por exemplo, convênios com ONGs) que tenham como finalidade dar efeitos concretos à preservação pretendida pelo inciso XVIII acima mencionado, sua soberania estará sendo preservada, ainda que tenha de fazer determinadas concessões. Se o pacto celebrado não tiver como real propósito conferir efetividade às normas estatais, deve ser ele rechaçado, pois a soberania estaria sendo violada.

Como terceiro requisito, podemos destacar que deve haver uma *reciprocidade por identidade ou por equivalência* entre as concessões acordadas. Quanto a esse aspecto, Celso Mello noticia que, como a reciprocidade é a força motriz das negociações, ela é uma "*medida da igualdade*" que tem como objetivo "*atingir um equilíbrio*" nas relações entre os Estados.[47] A medida permitida no território de um Estado deve poder também ser praticada no território do outro que celebrar o pacto (reciprocidade por identidade).

Contudo, pode ocorrer uma situação em que a reciprocidade por identidade não tenha cabimento, como por exemplo, na hipótese em que um Estado cede determinados equipamentos avançados a um outro em troca da obtenção de um específico conhecimento científico. Não existe uma reciprocidade por identidade entre os equipamentos e o conhecimento científico, mas, se o Estado que vai disponibilizar o conhecimento científico não tiver interesse em, também, ter acesso a um conhecimento

---

[47] MELLO, Celso Duvivier de Albuquerque. *Curso de direito internacional público*. 12ª ed. rev. e ampl. Rio de Janeiro: Renovar, 2000. v. 1, p. 88.

científico do outro Estado, certamente não será proveitosa uma cláusula nesse sentido. Portanto, diante de situações como essa, será preciso que alguma medida proporcional, ainda que não idêntica, seja permitida no acordo celebrado. É o que se tem denominado na doutrina de reciprocidade por equivalência.[48] Nesse caso, as concessões recíprocas hão de ser proporcionais.

Por fim, é preciso frisar que o exercício do poder soberano sempre haverá de ser restringido por pautas axiológicas que permeiam e dão sentido às normas jurídicas. Por isso, os princípios cumprem a relevante missão de, à medida do possível, garantir o cumprimento das normas e de podar os excessos do poder.

3.4. EXERCÍCIO DA SOBERANIA ATRAVÉS DO PLEBISCITO, REFERENDO E INICIATIVA POPULAR

Vários mecanismos existem para o exercício da soberania e inúmeros são os instrumentos disponibilizados pelo Estado, mais especificamente pelo Estado brasileiro, para a sua concretização de forma plena.

A eleição dos representantes do Governo por sufrágio é, apenas, uma de suas manifestações. Ao lado do sufrágio, existem outros recursos que têm como finalidade conferir maior legitimidade e um caráter democrático às decisões estatais.

Em razão, portanto, da carência de legitimidade existente em algumas situações e da relevância, para a dinâmica do Estado, de determinadas decisões, tem sido permitido o emprego do plebiscito, referendo e da iniciativa popular como formas de exercício da soberania.

A participação popular no exercício da soberania estatal é deveras relevante e serve como instrumento para a adequação do poder do Estado à vontade do povo. Em um Estado democrático, há imperiosa necessidade de que, para que o poder possa ser legitimamente exercido, exista, conforme nos ensina

---

48 *Ibidem*, loc. cit.

Hermann Heller, uma comunidade de valores e de vontades compartilhados pelas autoridades e os cidadãos, uma opinião pública comum em relação a cada tema.[49]

Com o objetivo de desvendar a vontade do povo e de torná--la uma real manifestação do poder estatal é que o referendo, o plebiscito e a iniciativa popular passam a ter sua existência constitucional justificada. Esses institutos representam, como lembrou Hans Kelsen, uma combinação entre o princípio da democracia indireta e o da democracia direta. Segundo Kelsen, "*quanto mais se faz uso dessas* [...] *instituições, mais próximo se chega ao ideal da democracia direta.*"[50]

A participação do povo na formação da vontade estatal é, por razões naturais, salutar para a obtenção de uma estabilidade duradoura do processo democrático. O diálogo entre o povo e os representantes eleitos facilita o desenvolvimento da democracia e a aceitação das normas jurídicas criadas, o que proporciona um ambiente próprio para um efetivo exercício da soberania.

O instituto da iniciativa popular tem como essência autorizar que o próprio povo encaminhe projetos de lei para votação pelo Congresso e, no Brasil, os seus requisitos são aqueles estabelecidos pela Constituição e pela Lei nº 9.709/98. O seu propósito é o de dar início a um procedimento capaz de resultar na formação de um texto normativo pelo Congresso Nacional.

O projeto deverá ser subscrito por, no mínimo, um por cento do eleitorado nacional distribuído por, pelo menos, cinco Estados e com não menos de três décimos por cento dos eleitores de cada um. Preenchidos esses requisitos, será o projeto de iniciativa popular apresentado à Câmara dos Deputados para deliberação.

---

49 HELLER, Hermann. *Teoria del estado*. Versão espanhola de Luis Tobío. 5ª ed. em espanhol. Editora Fondo de Cultura Econômica, 1963, p. 192. Neste tópico, também é oportuno lembrar o ponto de vista de Zippelius de que *"não se deve perder de vista o facto de não existir numa comunidade uma opinião pública uniforme e objectivamente indiferenciada, mas apenas opiniões diferentes, estruturadas (articuladas) por temas, que encontram um apoio por vezes maior e por vezes menor"*. ZIPPELIUS, op. cit., p. 346.

50 KELSEN, Hans. *Teoria geral do direito e do estado*. 3ª ed., 2ª tir. São Paulo: Martins Fontes, 2000, p. 426.

A fim de evitar a má compreensão pela população da matéria veiculada no projeto de lei, a Lei nº 9.709 exige que o projeto de lei de iniciativa popular se restrinja a um único tema. A submissão de mais de uma matéria foi vedada, pois certamente poderia acarretar uma precipitada aprovação de algum ponto não avaliado detidamente pela população.

Por outro lado, se houver algum vício de forma no projeto encaminhado à Câmara dos Deputados, sua rejeição imediata não ocorrerá. Com o fito de preservar a iniciativa do povo, a Câmara deverá providenciar a correção de eventuais erros e impropriedades de redação. Tudo deve ser feito para aproveitar a manifestação popular e submetê-la à apreciação do Poder Legislativo.

Outro mecanismo para o exercício da soberania popular é o plebiscito. Em certas situações, pelas mais variadas razões, os representantes eleitos optam por submeter à aprovação popular determinadas matérias e questões. Via de regra, o tópico a ser apreciado popularmente por plebiscito representa um tema relevante para o futuro do Estado. A relevância acaba demandando uma maior participação do povo, que assumirá a obrigação de escolher diretamente, dentre duas ou mais opções, o caminho que deseja trilhar.

Vale o registro histórico de que o plebiscito já fora previsto na Constituição brasileira de 1937, embora nenhum tenha sido realizado durante sua vigência.[51] Na Carta de 1937, aliás, três menções foram feitas ao plebiscito. A primeira foi feita no art. 63 do texto constitucional, para autorizar o Conselho da Economia Nacional a ter poderes para legislar sobre determinadas matérias de sua competência. Mais adiante, no art. 174,[52]

---

51 SGARBI, Adrian. *O referendo*. Biblioteca de Teses. Rio de Janeiro: Editora Renovar, 1999, p. 106.
52 "*Art. 174. A Constituição pode ser emendada, modificada ou reformada por iniciativa do Presidente da República ou da Câmara dos Deputados.* [...]
§ *4º No caso de ser rejeitado o projeto de iniciativa do Presidente da República, ou no caso em que o Parlamento aprove definitivamente, apesar da oposição daquele, o projeto de iniciativa da Câmara dos Deputados, o Presidente da República poderá, dentro em trinta dias, resolver que um ou outro projeto seja submetido ao plebiscito nacional.*

o plebiscito era admitido quando projetos de lei de iniciativa do Presidente da República fossem rejeitados pela Câmara dos Deputados ou para as situações em que os projetos de iniciativa da Câmara dos Deputados eram aprovados, embora houvesse uma oposição do Presidente da República. Em tese, serviria, portanto, a vontade do povo externada através do plebiscito para dirimir divergência entre os desígnios do Presidente Getúlio e os dos Parlamentares.

Por fim, o art. 187[53] do diploma de 1937 previa que a Constituição outorgada entraria em vigor na sua data (10/11/1937) e seria submetida a um plebiscito nacional, o qual, destaque-se, nunca ocorreu, uma vez que não foi elaborado o decreto do Presidente da República o prevendo.

Essas observações a respeito da Carta de 1937 foram feitas com o objetivo de demonstrar que lá o plebiscito foi empregado com o real propósito de substituir a vontade do Poder Legislativo quando ela contrariasse a do Presidente da República. Se o Presidente da República viesse a eventualmente encontrar resistência no Parlamento, poderia utilizar o plebiscito para tentar prevalecer a sua vontade com o auxílio popular. Dessa forma, é preciso ter cautelas no emprego desse instituto, pois um chefe do Poder Executivo populista que encontre o apoio incondicionado da população sempre poderá fazer uso do plebiscito, a fim de que, pela manipulação da vontade popular, possa fazer prevalecer as suas pretensões sobre as do Parlamento.

Por sua vez, na redação original da Constituição de 1946, havia somente uma única menção ao plebiscito no seu art. 2º e dizia respeito à incorporação, divisão e anexação de Estados--membros.[54] Em 1961, simultaneamente à instauração do

---

O plebiscito realizar-se-á noventa dias depois de publicada a resolução presidencial. O projeto só se transformará em lei constitucional se lhe for favorável o plebiscito".

53 "Art. 187. Esta Constituição entrará em vigor na sua data e será submetida ao plebiscito nacional na forma regulada em Decreto do Presidente da República.
Os oficiais em serviço ativo das Forças Armadas são considerados, independentemente de qualquer formalidade, alistados para os efeitos do plebiscito".

54 Art. 2º da Constituição de 1946: "Os Estados podem incorporar-se entre si, subdividir--se ou desmembrar-se para se anexarem a outros ou formarem novos Estados, mediante

parlamentarismo no Brasil, o que foi feito através da Emenda Constitucional nº 4, publicada no Diário Oficial da União de 2 de setembro de 1961, também foi incluída na Carta de 1946 uma nova previsão para o plebiscito. O art. 25 da Emenda Constitucional nº 4/61 inseriu nas disposições transitórias da Constituição de 1946 a possibilidade de realização de um plebiscito para decidir sobre a manutenção do parlamentarismo ou a volta ao sistema presidencial.[55]

Naquela época, início da década de 60, a necessidade de concretização pelo governo de reformas de base fez com que a realização do plebiscito se tornasse interessante. Com ele, o presidencialismo poderia ser eventualmente restaurado e, caso esse fato viesse a ocorrer, os poderes se tornariam concentrados nas mãos do Presidente João Goulart. Dessa forma, a busca pela realização de um plebiscito representou menos uma necessidade de consulta à vontade popular do que uma "*tática para demolição do regime parlamentar*".[56] Em 1963, ocorreu o plebiscito e como resultado houve um retorno ao presidencialismo, nos termos previstos na Emenda Constitucional nº 6, publicada no Diário Oficial da União de 23 de janeiro de 1963, que revogou a Emenda nº 4/61, e o Presidente João Goulart passou a ter, ainda que por curto período, condições jurídicas para implementar as reformas pretendidas.

Na Constituição de 1967, não se fez menção ao plebiscito. Por outro lado, no seu art. 14,[57] assim como também no art. 14 da Emenda Constitucional nº 1 de 1969,[58] houve referência à

---

voto das respectivas assembleias legislativas, plebiscito das populações diretamente interessadas e aprovação do Congresso Nacional".

55 Art. 25 da Emenda Constitucional nº 4/61: "*A lei votada nos termos do art. 22 poderá dispor sobre a realização de plebiscito que decida da manutenção do sistema parlamentar ou volta ao sistema presidencial, devendo, em tal hipótese, fazer-se a consulta plebiscitária nove meses antes do termo do atual período presidencial.*"

56 MIRANDA, Pontes de. *Comentários à Constituição de 1946*. Tomo VIII. Suplemento 1. Rio de Janeiro: Borsoi, 1962, p. 189.

57 Art. 14 da Constituição de 1967: "*Lei complementar estabelecerá os requisitos mínimos de população e renda pública e a forma de consulta prévia às populações locais, para a criação de novos Municípios*".

58 Art. 14 da Emenda Constitucional nº 1 de 1969: "*Lei complementar estabelecerá os requisitos mínimos de população e renda pública, bem como a forma de consulta prévia às populações, para a criação de municípios.*

consulta popular, expressamente prevista para as hipóteses de criação de novos Municípios.

Com relação à Constituição da República de 1988, embora ela trate do plebiscito, impende destacar que no seu texto não há qualquer referência às suas características específicas que sejam capazes de o distinguir do referendo. Somente dez anos após o surgimento da Constituição de 1988 é que a matéria foi prevista em sede legal e que a distinção foi feita, o que já denota pouca utilização dos dois institutos ao longo da experiência histórica brasileira. Nesse contexto, é oportuno rememorar que durante o processo de elaboração da Constituição de 1988 houve, inclusive, uma certa oposição política à introdução do plebiscito, do referendo e da iniciativa popular no texto constitucional, sob o argumento de que esses institutos configurariam um desrespeito aos representantes eleitos pelo povo.[59]

Especificamente em relação ao referendo, convém ressaltar que ele teve um dos seus primeiros empregos na história mundial em Massachusetts, em 1778, com o objetivo de submeter a Constituição à aprovação dos habitantes locais. No Brasil, apenas foi previsto constitucionalmente pela Carta de 1988.

No ordenamento jurídico brasileiro, o § 2º do art. 2º da Lei nº 9.709/98 estabelece que o referendo é convocado com posterioridade ao ato legislativo ou administrativo e cumpre ao povo a respectiva ratificação ou rejeição. A vigência de um ato normativo, isto é, a sua aptidão de produção de efeitos poderá, portanto, ficar condicionada à aprovação pelo referendo. Antes de uma determinada norma jurídica ser considerada válida, por ter sido elaborada conforme o procedimento previsto no ordenamento jurídico, e antes que ela possa produzir seus regulares efeitos (vigência), admite-se, em tese, que ela seja submetida ao referendo.

Parágrafo único. A organização municipal, variável segundo as peculiaridades locais, a criação de municípios e a respectiva divisão em distritos dependerão de lei".
59 SGARBI, op. cit., p. 25.

Já o plebiscito será, *ex vi* do § 1º do art. 2º da Lei nº 9.709/98, convocado com anterioridade ao ato legislativo ou administrativo e caberá ao povo, pelo voto, aprovar ou rejeitar o que lhe tenha sido submetido.

De acordo, portanto, com o Direito positivo brasileiro, especialmente a legislação infraconstitucional, o referendo diz respeito à aprovação de uma norma jurídica, enquanto o plebiscito é utilizado para a aprovação, em tese, de uma determinada opção política e deve ser manejado com o intuito de orientar uma futura decisão do legislador.

A despeito de os institutos de checagem da vontade popular (plebiscito, referendo e iniciativa popular) serem adequados para obter melhor condução da vontade soberana estatal, esses institutos poderão ser empregados com propósitos equivocados. A fim de evitar esse risco, não seria, por exemplo, recomendável submeter a uma única consulta popular questões completamente distintas entre si, ainda que digam respeito a um mesmo tema geral. Esse procedimento (consulta popular envolvendo assuntos distintos) é proibido expressamente em relação ao projeto de iniciativa popular (art. 13, § 1º, da Lei nº 9.709/98). Com o fito de não haver a falta de compreensão da real vontade popular, parece-nos oportuno que essa vedação seja ampliada, mediante uma integração analógica do texto legal, de modo a, também, abranger o plebiscito e o referendo. É preciso obstar, no plebiscito e no referendo, que questões estranhas ao tema principal possam ser aprovadas sem que a população tenha realmente exercido um juízo crítico em relação a elas. A consulta à população deve, nesse sentido, ser clara e a mais simples que for possível.

Sob outro enfoque, a realização de consultas à população sobre matérias de cunho técnico, por exemplo, não deve ser incentivada. Saber da população, por exemplo, se ela prefere pagar vários tributos distintos ou um tributo único é algo que não deve ser feito.

No que diz respeito ao leque de matérias passíveis de serem submetidas à apreciação popular, cumpre salientar que, a despeito do acima dito, não há uma restrição expressa no Direito positivo brasileiro. Embora não pareça adequado, pode, em tese, ocorrer a submissão de matérias de cunho estritamente técnico à aprovação da população, que certamente tenderá a aprovar aquilo que lhe causar menos prejuízos no curto prazo. Uma temática como a da reforma da previdência, por exemplo, demanda profundos estudos de especialistas e a apreciação popular, ao invés de gerar um ambiente de legitimação, poderá proporcionar decisões desastrosas.

CAPÍTULO 4
LEGITIMAÇÃO E PONDERAÇÃO DA SOBERANIA

4.1 A Legitimação da Soberania. **4.2** A Soberania e o Mínimo existencial. **4.3** A Soberania e o Postulado da Preservação do Contrato Social. **4.4** O Princípio da Soberania e a Concretização das Normas Jurídicas.

4.1. A LEGITIMAÇÃO DA SOBERANIA[1]

> *Para que alguien tenga poder, es decir, para que sus órdenes sean cumplidas de modo constante, es preciso que quienes lo sostienen, o al menos, aquellos de más infujo, estén convencidos de la legitimidad de su poder. [...] La instancia que en el Estado establecen las normas se hace legítima cuando los destinatarios de la norma creen que el creador del derecho, al establecer los preceptos jurídicos, no hace más que dar carácter positivo a ciertos princípios de derecho éticamente*

---

[1] Como bem destacou Ricardo Lobo Torres, em seu artigo A legitimação dos direitos humanos e os princípios da ponderação e da razoabilidade. In: *A legitimação dos direitos humanos*. Rio de Janeiro: Editora Renovar, 2002, p. 397: "*O tema da legitimação dos direitos humanos, dos princípios e do próprio ordenamento jurídico ausentou-se, por aproximadamente um século, das discussões jurídicas, por influência dos positivismos de diversos matizes. Hoje o assunto ressurge, sob a renovada perspectiva do Estado Democrático de Direito*".

obligatorios que transcienden del Estado y de su derecho, y cuyo fundamento precisamente constituyen. (Hermann Heller)[2]

Neste tópico, é preciso chamar atenção para o que se pode depreender do termo *legitimação*. Segundo Ricardo Lobo Torres, "*a legitimação exige sempre a procura de uma razão existente fora do sistema jurídico, o qual não pode se legitimar a si próprio*".[3] A legitimação seria um processo, o que acaba por a caracterizar como algo dinâmico, de avaliação da conformidade ética do ordenamento jurídico.

De acordo com Ana Paula Costa Barbosa:

> *A legitimação de princípios tanto pode ser aferida antes da elaboração do Estatuto Fundamental quanto posteriormente a ela (e aqui estar-se-ia tratando de legitimidade), o que faz, em matéria de Constituição e de seus princípios fundamentais, estejamos falando em uma construção inacabada e, portanto, em uma permanente evolução.*[4]

Assemelha-se a legitimação à justificação. Todo ser humano teria o direito a uma justificação sobre o modo como é tratado. Esse seria um direito como "pessoa moral". Cada pessoa somente merece ser tratada de uma maneira tal que ela tenha aceitado as razões do tratamento.[5]

De acordo com o raciocínio de Rainer Forst, restrições a direitos e a imposição de obrigações com fundamento na necessidade de preservação da soberania devem ser justificadas. Essa justificação (*Rechtfertigung*) precisa ser aceita pela comunidade, isto é, pelos súditos. Inexistindo aceitação,

---

2 HELLER, Hermann. *Teoria del estado*. Versão espanhola de Luis Tobío. 5ª ed. em espanhol. México: Fondo de Cultura Econômica, 1963, p. 209.
3 TORRES, Ricardo Lobo. A legitimação dos direitos humanos e os princípios da ponderação e da razoabilidade. In: *Legitimação dos direitos humanos*. Rio de Janeiro: Renovar, 2002, p. 400.
4 BARBOSA, op. cit., p. 53.
5 FORST, Rainer. Das grundlegende recht auf rechtfertigung. Zu einer konstrutivistischen Konzeption von Menschenrechten. In: *Recht auf menschenrechte. menschenrechte, demokratie und internationale politik*. Frankfurt am Main: Editora Suhrkamp, 1999, p. 66-105.

deixa de haver legitimidade. Nesse contexto, deve haver uma busca, fora do ordenamento jurídico, dos valores que justificam a preservação da soberania, dos valores que legitimam a necessidade de garantia da soberania.

Para Ricardo Lobo Torres:

> A legitimidade do Estado moderno tem que ser vista sobretudo a partir do equilíbrio e harmonia entre valores e princípios jurídicos afirmados por consenso. A aceitação da norma e a obediência ao seu comando, que afinal de contas sintetizam a própria legitimidade, resultam de acordo social a respeito da sua adequação a valores éticos e princípios de direito em permanente interação.

Prossegue Ricardo Lobo Torres afirmando, com fundamento em Habermas,[6] que:

> A legitimidade forneceria à legalidade a racionalidade de teor moral, permitindo o entrelaçamento entre direito e moral. A distinção entre legitimidade e legitimação, em síntese, está em que aquela se apóia no consenso sobre a adequação entre o ordenamento positivo e os valores. A legitimação consiste no próprio processo de justificação da constituição.[7]

Um Estado que aja de modo irrestrito, invocando a soberania indevidamente para legitimar a sua atuação, acabará restringindo – de modo inconstitucional – direitos previstos na Carta Magna, tais como o da livre concorrência, da propriedade ou o direito de livre-iniciativa. Pode, inclusive, violar o pacto da Federação. Havendo constante desconformidade entre o que os cidadãos anseiam e o que a vontade do soberano determina,

---

6 HABERMAS, Jürgen. *Faktizität und geltung. Beiträge zur diskurstheorie des rechts und des demokratischen rechtsstaats*. Frankfurt: Suhrkamp, 1992, p. 568.
7 TORRES, Ricardo Lobo. A legitimação dos direitos humanos e os princípios da ponderação e da razoabilidade.In: *Legitimação dos direitos humanos*. Rio de Janeiro: Renovar, 2002, p. 405 e 407.

havendo ausência de legitimidade nas ações daquele que possui o poder para comandar as atividades estatais, acaba, também, sendo violado o princípio da autodeterminação dos povos.

A soberania deve ser exercida com o consentimento popular, a fim de que possa estar em harmonia com o princípio da autodeterminação dos povos. O consentimento deve ser permanente e ser manifestado por todas as gerações. Cada geração deve aprovar as justificativas que lhe são oferecidas para a existência de uma imposição estatal. Quanto a este aspecto, Gustavo Binenbojm oportunamente destaca que "*cada geração tem o direito de deliberar, através das instituições democráticas, sobre as prioridades que lhe pareçam mais adequadas ao bem--estar geral*".[8]

A soberania precisa, portanto, passar pelo processo de legitimação, pois, como avalia Nelson Saldanha,[9] somente o poder realmente absoluto, o que alguns denominam *bare power* (poder despido, puro, descoberto) não necessita justificar-se. Como a soberania, e isto nos parece atualmente indiscutível, não é um poder absoluto, ela precisa ser legitimada através do debate democrático, que, por vezes, extrapolará as fronteiras do território nacional, mas sempre deverá considerar a deliberação daqueles integrantes da comunidade soberana.

Harold Laski, cientista político inglês, estudioso do tema da soberania, nos traz à memória que:

> *Si el Parlamento legisla y dispone, por ejemplo, que ningún inglés pertenezca a la Iglesia católica romana, hay la seguridad que tal ley será letra muerta. Tenemos que buscar, pues, el verdadero significado de la soberanía, no en el poder coercitivo del aparato estatal, sino en la aceptación libre de los ciudadanos. Los hombres aceptan las órdenes del Estado, ya sea*

---

8 BINENBOJM, Gustavo. TORRES, Ricardo Lobo (Org.) Direitos humanos e justiça social: as ideias de liberdade e igualdade no final do século XX. In: *Legitimação dos Direitos Humanos*. Rio de Janeiro: Renovar, 2002, p. 247.

9 SALDANHA, Nelson. *Filosofia do direito*. Rio de Janeiro: Editora Renovar, 1998, p. 123.

porque están de acuerdo com ellas, o porque, comprendiendo la bondad de la intención, se sienten llevados a obedecer. [...] La soberanía sólo prevalece cuando los actos del Estado merecen la aprobación de los ciudadanos. [...] La voluntad del Estado obtiene preeminencia sobre la voluntad de otros grupos, sólo en la medida exacta en que puede armonizarse con los intereses del pueblo. En cierta forma, es una voluntad que compite con otras voluntades, y sobrevive – como Darwin diría – sólo en virtud de su habilidad para adaptarse al médio. [...] Los ciudadanos aceptan las órdenes del Estado, no porque tengan en cuenta la fuerza que las respalda, sino porque saben que el grupo no puede subsistir si cada desobediencia implica una secesión.[10]

Legitimar é, usando as expressões de Nelson Saldanha, validar e convalidar. A legitimidade se refere às relações entre o mandar e o obedecer.[11] As relações de poder entre os súditos e o soberano precisam ser legitimadas em torno de valores jurídicos. Vale lembrar que, na História Mundial, mais especificamente na ocasião da Revolução Francesa, a teoria da soberania nacional teve, no dizer de Marie-Joëlle Redor, como função principal legitimar o poder dos governantes considerados como representantes da nação.[12]

Não é suficiente o aspecto da legalidade, uma vez que o legislador pode criar normas jurídicas que não sejam justas. A mera adequação do cidadão ao comando legal emanado pelo poder soberano (legalidade) precisa ser complementada pela legitimidade, que exige, como aponta Fernando Whitaker da Cunha, que os comandos "*se apoiem nos próprios objetivos da*

---

10 LASKI, Harold J.. *El problema de la soberanía*. Buenos Aires: Ediciones Siglo Veinte, 1947, p. 20-21 e 23.
11 SALDANHA, op. cit., p. 124.
12 REDOR, Marie-Joëlle. *De l'etat legal a l'etat de droit. l'evolution des conceptions de la doctrine publiciste française. 1879-1914*. Presses Universitaires d'Aix-Marseille, p. 73.

coletividade, em suas tradições e costumes forjados pela vida em comum".[13]

Como existe, mesmo nos Estados mais abastados, uma escassez de recursos para a melhoria das condições de vida dos cidadãos, as opções estatais precisam ser feitas criteriosamente e com (à medida do possível) a participação e consentimento dos cidadãos. Em relação a este tópico, Flávio Galdino é da opinião que "*a aferição dos custos permite trazer maior qualidade às escolhas públicas em relação aos direitos. Ou seja, permite escolher melhor onde gastar os insuficientes recursos públicos*".[14] É recomendável, portanto, uma criteriosa deliberação, a fim de que as escolhas sejam legitimadas, tenham uma maior qualidade e que os recursos possam ser bem aproveitados. Cumpre salientar que a legitimidade não se expressa por um mero apoio momentâneo e inconsequente da maioria e que também é tarefa importante permitir que o consentimento seja obtido após uma abordagem crítica do tema submetido à apreciação do povo. Como Zippelius nos ensina, "*a fim de apurar aquilo que a maioria, após uma apreciação consciente da situação, considerou justo, têm de se tomar medidas conducentes a um esclarecimento racional tão amplo quanto possível da possibilidade de consenso*".[15] O consenso e a aprovação da maioria devem ser alcançados por meio de um processo amplo e democrático.

Paulo Bonavides chama atenção para o fato de que os governantes podem ter:

> *Sua autoridade questionada, numa interrogação de legitimidade acerca da licitude da sobredita obediência. Se isso acontece, principia então uma reflexão que obrigatoriamente se inclina para o exame dos valores cuja presença justifica tanto o comando como a obediência.*[16]

---

13 CUNHA, Fernando Whitaker da. *Teoria geral do estado (Introdução ao direito constitucional)*. De acordo com a Constituição de 1988. 1ª ed. Rio de Janeiro: Freitas Bastos, 1990, p. 82.
14 GALDINO, op. cit., p. 189.
15 ZIPPELIUS, op. cit., p. 153.
16 BONAVIDES, Paulo. *Curso de direito constitucional*. 6ª ed. São Paulo: Editora Malheiros, p. 138.

Não basta que os representantes políticos sejam eleitos. É preciso algo mais. Existe a necessidade constante de que as decisões das autoridades políticas sejam aceitas. Só assim a soberania se legitima.

Para os positivistas, a legitimação não faz sentido.[17] Como a legitimação repousa fora do ordenamento jurídico, os positivistas sentem dificuldade de privilegiar o estudo da legitimação. A solução, para os positivistas, estaria no próprio ordenamento. Eles transformam a legitimação em legalidade, o que não parece ser suficiente.[18]

Dentre os modelos de legitimação existentes, o que parece ser mais adequado é o democrático.[19] Ao fazermos menção ao debate democrático, não o estamos limitando ao campo político do Poder Legislativo, mas ampliando-o a todas as esferas de poder do Estado e inclusive à participação popular. Adotando esse raciocínio e fazendo alusão a Habermas,[20] Ricardo Lobo Torres defende que "*os processos legislativo e judicial não legitimam por si sós a racionalidade jurídica, que depende sobretudo do caráter discursivo da formação não institucionalizada da opinião no espaço público político*".[21]

Por seu turno, o papel desempenhado pela razoabilidade e pela ponderação na legitimação da soberania será de grandioso destaque. Conforme concluído por Ricardo Lobo Torres:

> *A ponderação e a razoabilidade ganham dimensão mais ampla, para se caracterizarem*

---

17 TORRES, Ricardo Lobo. A legitimação dos direitos humanos e os princípios da ponderação e da razoabilidade. In: *Legitimação dos direitos humanos*. Rio de Janeiro: Renovar, 2002, p. 404.

18 *Ibidem*, p. 414.

19 Ricardo Lobo Torres analisa quatro modelos de legitimação: teológico, teleológico, contratual e o democrático. A legitimação teológica buscaria uma conformidade entre a lei dos homens e a lei divina e a lei natural. Por seu turno, os modelos de legitimação teleológica procuram indicar alguma finalidade, tal como a felicidade, para legitimar (justificar) o ordenamento jurídico. Na legitimação contratual, o Estado é legitimado através da manifestação geral e do contrato social, com os ideais de liberdade, igualdade e fraternidade. A legitimação democrática tem como pressuposto a democracia como instrumento de legitimação; através da democracia deliberativa é que as normas jurídicas são legitimadas. *Ibidem*, p. 408.

20 HABERMAS, Jürgen. *Faktizität und geltung*, p. 570.

21 *Ibidem*, p. 419.

como princípios de legitimação de todos os outros princípios constitucionais, não só dos princípios fundantes do ordenamento jurídico (dignidade humana, soberania, cidadania, etc.), como dos princípios vinculados à liberdade, à segurança e à justiça, tornando-se modelo para as apreciações de lege ferenda.[22]

Através da ponderação é que a soberania será legitimada e terá sua moldura definida.

Outro fator a merecer destaque é o de que a compreensão da finalidade das normas jurídicas impostas pelo Estado facilita a adesão pela comunidade a que ela se dirige, o que acaba por tornar legítimo o exercício da soberania. Conforme Hermann Heller aponta, o poder do Estado será mais firme quanto maior for o voluntário reconhecimento e compreensão por parte daqueles que obedecem a ele.[23]

No embate próprio do fenômeno da globalização entre a tendência de homogeneização de valores e a preocupação com a preservação das diferenças, cabe ao Estado-nação propiciar um espaço de discussão, ainda que no seio das instituições já existentes, capaz de legitimar as escolhas viáveis e mais benéficas para os seus cidadãos, harmonizando, assim, os conflitos entre o universal e o nacional e assegurando a preservação da sua soberania.

4.2. A SOBERANIA E O MÍNIMO EXISTENCIAL

Períodos de fome muitas vezes são causados, em grande parte, por omissões políticas e pela ausência de governo decente. (John Rawls)[24]

O mínimo existencial tem sido caracterizado como o conjunto de prestações mínimas indispensáveis para a existência digna

---

22 TORRES, Ricardo Lobo. A legitimação dos direitos humanos e os princípios da ponderação e da razoabilidade. In: *Legitimação dos direitos humanos*. Rio de Janeiro: Renovar, 2002, p. 432.
23 HELLER, Hermann. *Teoria del estado*. Versão espanhola de Luis Tobío. 5ª ed. em espanhol. México: Fondo de Cultura Econômica, 1963, p. 262.
24 RAWLS, John. *O direito dos povos*. São Paulo: Martins Fontes, 2001, p. 11.

do ser humano. São aquelas prestações essenciais para a sobrevivência do indivíduo e, por outro lado, capazes de tornar viável a vida em sociedade.

No Direito positivo brasileiro, particularmente na Lei nº 8.742/93, a expressão empregada foi "*mínimos sociais*", que representa as condições mínimas de existência humana digna.

Por razões sabidamente conhecidas, cada Estado será capaz de prover prestações mínimas de acordo com as suas possibilidades econômicas. O mínimo é relativo, variável de acordo com as circunstâncias econômicas de cada Estado, o que não retira sua relevância.

A despeito de não possuir fundamento constitucional expresso, pode o mínimo existencial, como destaca Ricardo Lobo Torres,[25] ser encontrado em valores constitucionais:

> *Na ideia de liberdade, nos princípios constitucionais da igualdade, do devido processo legal, da livre iniciativa e da dignidade do homem, na Declaração dos Direitos Humanos e nas imunidades e privilégios do cidadão.*

Ana Paula de Barcellos, ratificando as lições de Ricardo Lobo Torres, realça que:

> *A noção de mínimo existencial é proposta por parte da doutrina como solução para estes problemas jurídicos, na medida em que procura representar um subconjunto dentro dos direitos sociais, econômicos e culturais menor – minimizando o problema dos custos – e mais preciso – procurando superar a imprecisão dos princípios. E, mais importante, que seja efetivamente exigível do Estado.*[26]

---

25 TORRES, Ricardo Lobo. A cidadania multidimensional na era dos direitos. In: *Teoria dos direitos fundamentais*. 2ª ed. Editora Renovar, 2001, p. 266.
26 BARCELLOS, Ana Paula de. O mínimo existencial e algumas fundamentações: John Rawls, Michael Walzer e Robert Alexy. In: *Legitimação dos direitos humanos*. Rio de Janeiro: Editora Renovar, 2002, p. 23.

Está certo que as prestações oferecidas pelo Estado vão variar de acordo com o seu poderio econômico e com as pretensões da sua população. No entanto, é imperioso salientar que até mesmo um Estado com parcos recursos financeiros terá condições de ser plenamente soberano, contanto que as normas jurídicas por ele criadas sejam efetivamente implementadas.

Estamos, é verdade, em um campo sujeito a questionamentos múltiplos. Indaga-se, por exemplo, sobre o real limite mínimo de pobreza a ser combatido pelo Estado. Em que momento está o Estado compelido a agir? A despeito dos inúmeros questionamentos que possam advir da expressão mínimo existencial, o que nos parece ser mais relevante é a sua capacidade de fortalecer os direitos sociais. De acordo com Ricardo Lobo Torres:

> *A retórica do mínimo existencial não minimiza os direitos sociais, senão que os fortalece extraordinariamente na sua dimensão essencial, dotada de plena eficácia, e os deixa incólumes ou até os maximiza na região periférica, em que valem sob a reserva da lei.*[27]

Aqui vale ressaltar que o Estado não deve preocupar-se apenas com o mínimo. Deve mirar o horizonte e ter como meta proporcionar o máximo aos seus cidadãos, assegurando-lhes, por inteiro, as prestações materiais a que tiver se comprometido.

O art. 205 da Constituição da República preconiza que a educação é direito de todos e dever do Estado.[28] Trata-se de uma norma constitucional de observância obrigatória. Ocorre que a concretização desse preceito, que, ao menos no que diz respeito ao ensino fundamental, integra o mínimo existencial,

---

27 TORRES, Ricardo Lobo. A cidadania multidimensional na era dos direitos. *Teoria dos direitos fundamentais*. 2ª ed. Editora Renovar, 2001, p. 268.

28 Ana Paula de Barcellos afirma que: "*O direito subjetivo – e sindicável – à educação fundamental é, como já mencionado, um primeiro elemento concreto do mínimo existencial no contexto da Constituição de 1988. Por educação fundamental entendem-se os primeiros oito anos de escolaridade, da primeira à oitava série do ensino fundamental, na forma como os currículos escolares brasileiros são hoje organizados*". BARCELLOS, Ana Paula de. *A eficácia jurídica dos princípios constitucionais. O princípio da dignidade da pessoa humana*. Editora Renovar, 2002, p. 260.

pode encontrar (e no Brasil encontra) forte resistência. Quanto menor a possibilidade de um Estado de concretizar suas normas jurídicas, inclusive aquelas relacionadas aos mínimos sociais, mais deficiente será o exercício pleno da sua soberania e menor será a possibilidade de essa comunidade preservar a dignidade de seus membros. Nações soberanas, do ponto de vista material, concretizam suas normas jurídicas e, com isso, em se tratando de Estados democráticos, tendem a assegurar o mínimo existencial, abolindo, assim, a pobreza absoluta e minorando a pobreza relativa. Em suma, são capazes de dar cumprimento às normas constitucionais garantidoras dos direitos (e também deveres) de seus súditos.

Há, de fato, Estados que se julgam soberanos e que não se preocupam em oferecer condições materiais mínimas para os seus súditos. Isso é uma realidade. No entanto, além de essa situação não ser a regra geral, não parece louvável o exercício da soberania descomprometido com a satisfação de condições mínimas para os súditos do Estado. Além de a soberania representar um poder de fazer valer as normas jurídicas dentro de um território, não se pode esquecer, como observou Miguel Reale, que as decisões soberanas devem também ter como finalidade "*a realização do bem comum*".[29] Sem essa última preocupação, o instituto perde uma de suas funções primordiais.

Segundo Celso Mello, "*o Terceiro Mundo tem mais uma soberania formal do que real, vez que eles têm uma dependência econômica das grandes potências e estão em uma situação de neocolonialismo*".[30] Considerando, portanto, essa realidade, podemos dizer que a viabilização, pelo Estado, das prestações asseguradas pelo ordenamento jurídico será um fator que poderá transformar a soberania formal em soberania material.

---

29 REALE, op. cit., p. 112.
30 MELLO, Celso Duvivier de Albuquerque. A soberania através da história. In: *Anuário Direito e Globalização. A soberania.* Rio de Janeiro: Renovar, 1999, p. 18. Também reconhecendo a relevância da independência econômica para a materialização de uma soberania efetiva, José do Patrocínio Gallotti afirma que "*as nações que não gozam de soberania econômica* [...] *não gozam de soberania política ou desta gozam, apenas, formalmente: são nações coloniais ou que a estas se equipararam; são nações que não se autodeterminam*". GALLOTTI, op. cit., p. 66.

Ao Estado não incumbe, por exemplo, somente criar normas jurídicas com a finalidade de preservar a vida humana.[31] Não é recomendável parar nessa fase. Existe, também, o dever de que essas normas sejam concretizadas, propiciando aos cidadãos uma condição digna. De nada adianta elaborar artigos normativos se houver um vazio de concretização. Para a justiça social e a soberania serem materialmente alcançadas, é preciso ir além, como bem frisou Ingo Sarlet, nos seguintes termos:

> *Nem a previsão de direitos sociais fundamentais na Constituição, nem mesmo a sua positivação na esfera infraconstitucional poderão, por si só, produzir o padrão desejável de justiça social, já que fórmulas exclusivamente jurídicas não fornecem o instrumental suficiente para a sua concretização.*[32]

A implementação das normas jurídicas há de ser uma perene meta estatal. Deve o Estado procurar concretizar suas normas jurídicas independentemente de os direitos em jogo lhe representarem um custo. Como lembrou Flávio Galdino:

> *Todos os direitos, mesmo os tipicamente individuais, tidos habitualmente como meramente negativos [...] são todos positivos, isto é, sua atuação depende da vontade estatal. [...] também a liberdade (ou os direitos da liberdade) é afetada pela ausência de recursos.*[33]

Como todos os direitos possuem um custo, inclusive o direito de propriedade que exige do Estado uma estrutura

---

31 Christian Lohbauer, que foi bolsista da Fundação Konrad Adenauer na Universidade de Bonn e é Doutor em Ciência Política pela USP e Pesquisador do NUPRI/USP (Núcleo de Pesquisas em Relações Internacionais) e do NAIPPE/USP salienta que "[...] cabe ao Estado a priorização de sua função como promotor do aumento da equidade. Esta função corresponde a programas de combate à pobreza, assistência em casos de catástrofe, provisão de seguros sociais como pensões redistributivas, subsídios familiares e seguros-desemprego e, principalmente, a redistribuição de ativos". LOHBAUER, Christian. Governança Global: regras para ordenar um mundo anárquico. In: *Governança global*. n. 16. Konrad Adenauer Stiftung, 1999, p. 45.
32 SARLET, op. cit., p. 166.
33 GALDINO, op. cit., p. 183.

para sua proteção, pode não ser razoável a justificação do descumprimento de um direito em razão de uma insuficiência de recursos. Deve o Estado esforçar-se para implementar aquilo que seu ordenamento jurídico prevê. Deve assegurar aos seus cidadãos o mínimo para a sobrevivência digna e ter como meta alcançar o máximo de prestações materiais possíveis. Tudo com o fito de melhorar as condições de vida na comunidade estatal.

Não basta o Estado estipular, por exemplo, que protegerá a liberdade de seu povo. A preocupação deve ser a de buscar garantias para a obtenção das condições materiais indispensáveis para a real fruição da liberdade. Afinal de contas, no dizer de Zippelius "*os homens são livres apenas enquanto dispuserem também sobre as condições materiais para o desenvolvimento de sua personalidade*".[34]

Tudo deverá passar pelo processo democrático e o exercício da soberania, assim como todo intento de concretização de normas jurídicas, haverá de ser submetido a ele. Por esse motivo, vale recordar os ensinamentos de Machado Paupério, para quem a democracia não existirá onde o povo não alcançar um mínimo econômico capaz de realmente viabilizar a vida democrática.[35]

4.3. A SOBERANIA E O POSTULADO DA PRESERVAÇÃO DO CONTRATO SOCIAL[36]

La soberanía [...] no es una mera fuerza brutal: es el producto de un equilibrio de fuerzas que ha llegado a ser lo suficientemente estable para

---

[34] ZIPPELIUS, op. cit., p. 447.
[35] PAUPÉRIO, Arthur Machado. *Teoria democrática do poder. Teoria democrática da soberania*. Rio de Janeiro: Editora Forense Universitária, 1997, p. 179.
[36] Em *Direitos humanos e conflitos armados*, p. 26-27, Celso Mello aponta que "*As teorias contratualistas são extremamente diversas, o que torna difícil a sua classificação. Em sentido amplo, são aquelas teorias que consideram 'a origem da sociedade e o fundamento do poder político* [...] *em um contrato'; isto é, 'um acordo tácito ou expresso entre os indivíduos', e que teria terminado com o estado de natureza e dado início ao estado social e político. Esta corrente do pensamento político existiu desde o início do século XVII até o final do século XVIII. Entre os seus representantes estão J. Althusius, T. Hobbes, B. Spinoza, S. Pufendorf, J. Locke, J. J. Rousseau e I. Kant. Estas teorias tentam justificar o estado e o seu poder sobre os indivíduos.* [...] *O contratualismo no século XIX perde a sua soberania, vez que a História, a Antropologia e a Sociologia vão demonstrar a inexistência deste pacto.*"

que resulte una organización duradera de la colectividad. (Carré de Malberg)[37]

Como elemento irradiador de todos os princípios que norteiam o ordenamento jurídico, pensamos que toda ponderação e interpretação, inclusive a que diga respeito à soberania, deva observar e conferir primazia ao postulado da preservação do contrato social. O Direito tem como missão viabilizar a convivência social da melhor forma possível; deve proporcionar os melhores e mais eficazes meios para que a sociedade possa se manter e evoluir.

Embora não seja possível identificar critérios que viabilizem uma hierarquização rígida dos princípios, porque eles dependem de uma incidência tópica, existe, a nosso sentir, um postulado universal a ser observado na ponderação dos valores. Toda e qualquer ponderação deve ter como finalidade a preservação do contrato social.

Ricardo Lobo Torres, fazendo alusão a John Rawls, lembra que todos os valores sociais devem ser distribuídos de forma igual na sociedade. Qualquer desigualdade na distribuição dos bens, oportunidades, liberdades e de outros valores somente deve existir se trouxer vantagens para cada indivíduo.[38] Rawls afirma que *"every party must gain from the inequality"* (todas as partes precisam se beneficiar com a desigualdade).[39]

Nesse contexto, o campo de abrangência e intensidade do princípio da soberania está inserido dentro do interesse de preservação do pacto social.

A soberania terá seu raio de ação delimitado pelos conflitos existentes entre os valores indispensáveis para a preservação da vida em sociedade, que irão variar conforme as circunstâncias temporais, geográficas e econômicas. Há, assim, impossibilidade

---

37 CARRÉ DE MALBERG, op. cit., p. 220.
38 TORRES, Ricardo Lobo. *Tratado de direito constitucional, financeiro e tributário.* Editora Renovar, 2000. v. V, p. 201.
39 RAWLS, John. LASLETT, Peter (Org.) e RUNCIMAN, W. G. (Org.). Justice as fairness. In: *Philosophy, politics and society (Second Series).* Grã-Bretanha: Basil Blackwell, 1962, p. 135.

de se estabelecer, *a priori*, as condutas estatais a serem necessariamente observadas para a preservação da soberania.

Em um Estado, notadamente se for democrático, a superação da exclusão social deve, por exemplo, ocorrer, mas pelo primordial motivo de ela ameaçar a convivência pacífica entre os indivíduos submetidos a uma vontade soberana.

Havendo colisão entre princípios, deverá, como regra geral e universal, prevalecer aquele que mais atenda à necessidade de preservação social. Diante de um caso concreto, a solução mais adequada será a que conferir preferência ao princípio capaz de melhor proporcionar a convivência pacífica entre os indivíduos e de viabilizar a concretização do maior número de valores constitucionais possíveis.

Não se está aqui defendendo a tese utilitarista de Jeremy Bentham de que os benefícios e privilégios de uns justificariam as desvantagens e dificuldades de outros na sociedade. Não compartilhamos desse entendimento, pois, acompanhando os ensinamentos de Rawls, pensamos que as vantagens sociais devem trazer benefícios, ainda que indiretos, para todos e devem viabilizar a preservação da vida em sociedade.

Prosseguindo nesse raciocínio, podemos dessumir que o estabelecimento de critérios axiológicos imodificáveis é impensável nos dias de hoje e que a opção do hermeneuta pela incidência de um princípio X ou Y deve ser feita sempre com o objetivo de preservar o pacto social e de reflexamente concretizar o maior número de princípios constitucionais.

Nesse contexto, o princípio da soberania terá sua produção de efeitos justificada até o exato momento em que esses efeitos ainda forem capazes de permitir a preservação do contrato social. Quando a relativização da soberania ultrapassar essa fronteira, vale dizer, quando a ponderação da soberania com outros princípios passar a admitir o esvaziamento de normas jurídicas criadas pelo Estado e dificultar a vida digna e pacífica na comunidade, ela deixará de possuir uma justificação. O princípio da soberania somente merece ser atenuado até o ponto em que não prejudique os cidadãos e não inviabilize a preservação da vida na comunidade estatal.

A soberania terá, dessa forma, como uma de suas finalidades a de manter a integridade da comunidade estatal. Ela será relativizada e ponderada sempre com o objetivo de preservar tal convivência, tal contrato social.

4.4. O PRINCÍPIO DA SOBERANIA E A CONCRETIZAÇÃO DAS NORMAS JURÍDICAS

> *Quando, portanto, as circunstâncias fácticas cerceiam a potencialidade do poder estatal de impor eficazmente determinadas disposições, então, cerceiam em igual medida também a soberania das competências.* (Reinhold Zippelius)[40]

Por haver uma conceituação confusa e imprecisa que torne o conceito de soberania tão elástico a ponto de permitir qualquer interpretação a seu respeito, os riscos de que o termo *soberania* seja mal-empregado se elevam. E, uma vez que isso se verifique, os direitos dos nacionais de um Estado podem ser injustamente restringidos, o que deve ser evitado.

Como lembrado por Ana Paula Costa Barbosa, a comunidade de um Estado:

> *Não é entendida apenas como uma agregação de indivíduos, mas, sobretudo, como o ambiente em que os indivíduos reivindicam direitos e consentem sobre eles, compartilham bens sociais e assumem responsabilidades.*[41]

É preciso que o ambiente em que os direitos são vindicados seja propício à deliberação popular e que nele haja espaço para atuação do Estado. O Estado deve poder agir visando à preservação das garantias dos indivíduos, ou melhor, dos seres humanos que nele convivem. A atuação estatal é de extrema relevância

---
40 ZIPPELIUS, op. cit., p. 80.
41 BARBOSA, op. cit., p. 31.

nesse mister, como tornou visível Ingo Sarlet ao salientar as consequências maléficas da ausência de sua intervenção:

> Assim, percebe-se que a redução do Estado, que de há muito – ainda mais sob a forma de Estado Social de Direito – transitou do papel de 'vilão' (no sentido de inimigo da liberdade individual) para uma função de protetor dos direitos dos cidadãos, certamente nem sempre significa um aumento de liberdade e democracia. [...] verifica-se que a redução do Estado, caracterizada principalmente pela desnacionalização, desestatização, desregulação e diminuição gradativa da intervenção estatal na economia e sociedade, tem ocasionado paralelamente ao enfraquecimento da soberania, interna e externa dos Estados nacionais (sem que se possa, contudo, falar em seu desaparecimento), um fortalecimento do poder econômico, notadamente na esfera supranacional.[42]

Tradicionalmente se tem afirmado que soberano será o Estado que não se encontra submetido à vontade de um outro e que, portanto, possui capacidade para criar seu próprio ordenamento jurídico e, especialmente, a sua própria Constituição. Esse fato, entretanto, parece insuficiente, pois há atualmente uma intensa interdependência estatal que dificulta, sobremaneira, a perfeita identificação de uma situação de submissão de um determinado Estado a um outro.

O grau de soberania de um Estado não merece estar atrelado exclusivamente a um fator de dependência ou subordinação a outros Estados ou à mera aptidão de um Estado de criar as suas próprias normas jurídicas. É preciso ir além. A capacidade de concretizar as normas deve ser um fator fundamental para se aferir o grau de soberania de um Estado, mesmo que, para tanto, tenha de obter apoio de outros entes, o que é perfeitamente admissível. Nesse sentido, é valiosa a lição de

---

42 SARLET, op. cit., p. 133-135.

Umberto Campagnolo, para quem "*a realização da natureza estatal do Estado é confiada a todos os Estados; é, com referência à totalidade destes, idealmente infinita, que devemos considerar o desenvolvimento do Estado*".[43]

Lembrando a preleção de Arthur Machado Paupério:

> *Um Estado sem força material, sem elementos de coação, que possam obrigar os indivíduos ao cumprimento da ordem jurídica, é um contra--senso e uma abstração. [...] Um poder anêmico, se é incapaz de oprimir, é, de outro lado, também incapaz de defender os reais interesses de qualquer coletividade.*[44]

As diferenças existentes entre um Estado vassalo[45] ou um Protetorado e um Estado tido classicamente como soberano praticamente se apagam quando este último não é capaz de conferir efetividade às normas que cria. A soberania deve estar, também, vinculada ao elemento material, sob pena de se ter

---

43 KELSEN, Hans; CAMPAGNOLO, Umberto; LOSANO, Mario G (Org.). *Direito internacional e estado soberano*. São Paulo: Editora Martins Fontes, 2002, p. 186.

44 PAUPÉRIO, Arthur Machado. *Teoria democrática do poder. Teoria democrática da soberania*. Rio de Janeiro: Editora Forense Universitária, 1997, p. 140 e 143.

45 Segundo Hildebrando Accioly, "*Estados vassalos são os que gozam de autonomia na direção dos seus negócios internos, mas no tocante aos negócios externos, dependem de outro Estado, ao qual devem vassalagem. Esse outro Estado é chamado suserano, em relação aos vassalos. [...] têm o dever de respeitar e executar, no que diz respeito, os tratados concluídos pelo Estado suserano; [...] Presentemente, não existe caso algum de Estado vassalo. Como principais exemplos históricos, citam-se os seguintes: os principados de Valáquia e Moldávia, os da Sérvia e do Montenegro, o da Bulgária, o Egito, – todos sob a suserania da Turquia. [...] Estados protegidos ou Protetorados – São aqueles que, em virtude de tratado e por tempo indeterminado, se colocam sob a proteção e direção de outro ou outros Estados, ao qual ou aos quais cedem uma parte dos seus direitos soberanos. A relação entre o protegido e o protetor é chamada protetorado, denominação que, por extensão, também se dá ao Estado protegido. [...] considera-se a situação do protetorado como uma espécie de subordinação voluntária do protegido ao protetor, para certos fins de ordem externa, ao passo que na da vassalagem o vassalo, em geral, goza apenas de certo grau de autonomia, em virtude da concessão do Estado suserano. [...] Protetorados internacionais quase já não existem. Sê-lo-ão ainda a pequenina república de Andorra, nos Pirineus, colocada, desde 1806, sob a comum proteção da França e do bispo de Urgel; e talvez a republicazinha de São Marinho (encravada no território italiano) e o principado de Mônaco, ao sul da França, juridicamente ligado a esta por acordos especiais. [...] Entre os antigos protetorados, podem ser mencionados os seguintes: da Rússia, sobre a Geórgia; da Grã-bretanha, Áustria, Prússia e Rússia, sobre as ilhas Jônias; da Áustria, Prússia e Rússia sobre a Cracóvia; da França, sobre a Tunísia e sobre Madagascar; da Grã-bretanha, Alemanha e Estados Unidos da América, sobre as ilhas Samoa; do Japão sobre a Coreia; da Grã-bretanha, sobre o Egito*". ACCIOLY, op. cit., p. 19-21.

um conceito desprovido de uma finalidade maior. Será que o Principado de Mônaco é menos soberano do que Angola? Se desconsiderarmos o critério de concretização, essa assertiva será verdadeira, mas deixa de ter sentido e qualquer utilidade prática quando nos deparamos com a realidade encontrada em cada um desses territórios.

Existindo um grande vão entre a norma criada e a realidade, pode-se concluir que a soberania estará um tanto quanto comprometida. Constituições que contenham normas em completo descompasso com a realidade demonstram a existência de Estados com uma soberania obstruída. Assim como o Estado que perde seu governo em favor de um outro e permanece subsistindo do ponto de vista formal possui uma *soberania aparente*,[46] um Estado que não realiza aquilo que sua comunidade aspira também possuirá uma soberania com essa característica.

O Estado precisa agir, necessita ter capacidade prestacional com a finalidade de dar efetividade não somente aos direitos políticos, mas, também, aos direitos sociais que ele próprio prevê em seu ordenamento jurídico.

Torna-se imperioso levar a soberania a sério. Levar a soberania a sério significa levar a sério a efetividade das normas jurídicas criadas pelo Estado.

Com a finalidade exclusiva de melhor ilustrar o pensamento aqui defendido, utilizamos um gráfico que representa o fortalecimento da soberania em razão da concretização das normas jurídicas.

É preciso lembrar, antes de passarmos ao gráfico, que ele leva em consideração Estados capazes de exercer sua vontade de forma autônoma e independente. Se o Estado depende da deliberação de outro para exercer seus poderes, tal como no caso de protetorados ou de Estados vassalos, o gráfico não tem aplicação. Isso porque, por mais que nesses casos o Estado

---

[46] VERDROSS, op. cit., p. 135.

possa eventualmente concretizar suas normas jurídicas, não fará isso de acordo com os seus próprios desígnios, mas em conformidade com o que lhe foi determinado.

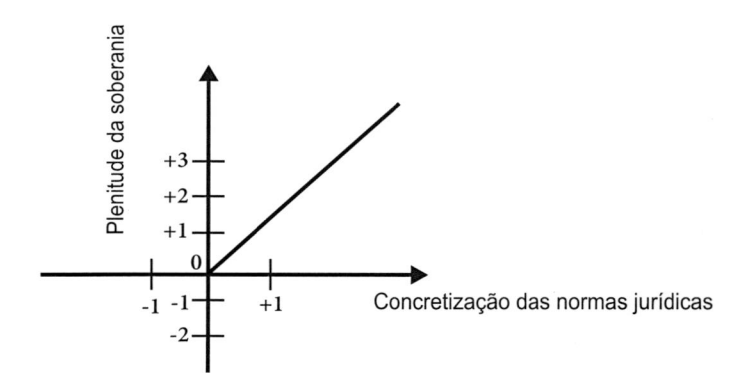

A soberania se realiza com maior plenitude à medida que a divergência entre a norma jurídica e a realidade encontrada no Estado diminuir. Quanto menor essa divergência, isto é, quanto maior for a concretização das normas jurídicas, mais plena será a soberania estatal. A autonomia e a independência do poder estatal produzirão efeitos mais satisfatórios para a comunidade quando forem capazes de diminuir a divergência entre as normas jurídicas e a realidade.

Nesse contexto, será difícil reconhecer o exercício pleno da soberania por um Estado que não tenha condições de dar cumprimento às normas jurídicas que ele próprio cria e nem tenha meios para satisfazer os anseios do seu povo. Quanto maior a possibilidade de atingir os efeitos das normas criadas pela comunidade estatal, mais plena será a soberania.

É preciso ressaltar, ainda, que não há um limite máximo para as duas variáveis (plenitude da soberania e concretização das normas jurídicas). Isso significa que sempre poderá haver um aumento da concretização das normas, uma majoração do alcance dos efeitos pretendidos pelas normas, e, consequentemente, uma maior plenitude da soberania. Dessa forma, será penoso, senão impossível, alcançar um ponto de total concretização, um ponto de identidade absoluta entre a realidade e as pretensões veiculadas pelas normas jurídicas, haja vista que, à medida que se conferir efetividade às normas, novas pretensões surgirão. Ao falarmos de efetividade, sempre é bom lembrarmos a lição de Luís Roberto Barroso, para quem:

> *A efetividade significa [...] a realização do Direito, o desempenho concreto de sua função social. Ela representa a materialização no mundo dos fatos, dos preceitos legais e simboliza a aproximação, tão íntima quanto possível, entre o dever ser normativo e o ser da realidade social.*[47]

É preciso, no entanto, reconhecer que as dificuldades são inúmeras e a existência de restrições orçamentárias é a mais evidente delas.

Não se está aqui a defender uma concentração de poderes no Estado, de modo a torná-lo gigantesco ou de modo a reconhecer que ele será o único capaz de conferir efeitos materiais às normas jurídicas. A concretização das normas também pode ocorrer por intermédio da própria sociedade civil. O vão existente entre a realidade e a prescrição da norma jurídica também pode (e deve) ser reduzido ou suprimido por atos da sociedade civil. Com efeito, a soberania será preservada se o comando normativo for alcançado, mesmo que o Estado não tenha atuado exclusivamente. O que é indispensável, na verdade, é que o poder estatal viabilize e incentive tal concretização.

Dessa forma, se dois Estados distintos possuírem idênticas previsões em suas respectivas Constituições de que o ensino será público e gratuito, a soberania será exercida de forma mais plena por aquele que tiver melhores condições de entregar o serviço público nos termos em que está obrigado constitucionalmente.

---

47 BARROSO, Luís Roberto. *O direito constitucional e a efetividade de suas normas. Limites e possibilidades da constituição.* 2ª ed. Rio de Janeiro: Editora Renovar, 1993, p. 83.

Em razão desse fato, podemos dessumir que o orçamento público exerce influente papel no exercício da soberania.

A concretização de normas jurídicas (normas constitucionais, legais, regulamentares, sentenças judiciais etc.) usualmente demanda o dispêndio de recursos públicos. Não é, portanto, razoável a defesa genérica e simplista de uma imutável impossibilidade de sua materialização em razão de óbices financeiros. Ainda que as normas tenham, por vezes, um certo caráter programático, não são desprovidas de eficácia jurídica, o que torna desejável a sua efetividade.

A solução não pode ser outra senão a deliberação, através de variados mecanismos democráticos, sobre o destino dos recursos orçamentários. É recomendável a existência de espaços públicos de discussão (orçamento participativo, referendos, plebiscitos, audiências públicas etc.), haja vista que a soberania e a cidadania se realizam não somente no aspecto político e jurídico, mas, também, no econômico.[48]

Se por um lado há dificuldade de implementar os efeitos pretendidos por certas normas constitucionais – notadamente as de cunho social – por outro há obstáculos para a supressão dessas normas garantidoras dos direitos dos cidadãos. As resistências são muito intensas e podem, inclusive, dar origem a um acontecimento com repercussão internacional.

Se é difícil dar efetividade à norma veiculada pelo art. 231 da Constituição da República que obriga a União a proteger e fazer respeitar todos os direitos dos índios, mais tormentosa e árdua será a eventual tentativa de suprimir esse artigo constitucional.[49] O desafio deve ser o de dar cumprimento ao

---

48 De acordo com Vicente Barreto, "*A cidadania do estado democrático de direito tem, portanto, uma dupla face: ela se realiza através da participação no poder político, e, também, no sistema econômico*". BARRETO, Vicente. Revista de Direito Administrativo, Rio de Janeiro, Editora Renovar, n. 192, abr./jun. 1993, p. 36.

49 Art. 231 da CRFB: "*São reconhecidos aos índios sua organização social, costume, línguas, crenças e tradições, e os direitos originários sobre as terras que tradicionalmente ocupam, competindo à União demarcá-las, proteger e fazer respeitar todos os seus bens*".

preceito constitucional, não o de revogá-lo. Quanto ao tema, já afirmou inclusive Jorge Miranda que:

> *Diante dos condicionalismos políticos, económicos, sociais e culturais em que o Estado se move, podem os governantes encontrar obstáculos para retirar ou apagar direitos e garantias dos indivíduos e dos grupos, pois as reacções e as resistências nem sempre são de afastar e, na nossa época, ganham ressonância internacional.*[50]

É preciso lembrar que, no caso específico do Brasil e de inúmeros países pobres, problemas econômicos dificultam a concretização dos efeitos das normas jurídicas criadas. Particularmente em relação ao Brasil, é possível afirmar que o seu endividamento criou – e continua a criar – obstáculos para o pleno desenvolvimento da soberania brasileira.[51]

Aliás, é interessante registrar que o Brasil, ao tempo da declaração de sua independência, teve sua dívida de origem portuguesa assumida pela Inglaterra, a fim de que a sua soberania, advinda da independência declarada, pudesse ser reconhecida. Portanto, sem que a dívida brasileira com a coroa portuguesa fosse garantida pela Inglaterra, o Brasil não poderia declarar-se soberano. Todos esses aspectos mais do que demonstram que a própria dívida externa acaba por dificultar o exercício da soberania, uma vez que, conforme realçou Nelson de Freitas Porfírio Júnior, *"os países credores estão invariavelmente em posição de superioridade em relação aos devedores e, portanto, tendem a impor suas próprias – e leoninas – condições"*. Prossegue o jurista alertando ser incontroverso que a política ditada pelo FMI tem causado recessão, desemprego, fome, violência urbana e criminalidade, reduzindo, assim, a

---

50 MIRANDA, op. cit., p. 216-217.
51 Não se pretende aqui enveredar no discurso político sobre a justeza ou não do pagamento da dívida externa brasileira, mas tão somente frisar que ela efetivamente dificulta o exercício da soberania.

nação a um estado de miséria absoluta e de maior desigualdade social, sem que a dívida externa seja reduzida.[52]

Não é suficiente a criação da norma jurídica. É preciso, ainda, que existam condições materiais para que a norma possa produzir os seus efeitos, para que o Estado possa exercer sua soberania plenamente. Não basta querer, é preciso, também, ter os recursos suficientes para transformar o desejo em realidade.[53]

Por ser essa sua finalidade, ao jurista cabe exigir que a soberania atinja seu objetivo e busque interpretar as normas jurídicas, de modo que elas satisfaçam as exigências do bem comum.

---

[52] PORFÍRIO JR., Nelson de Freitas. Alguns aspectos jurídicos da dívida externa. *Revista da AJUFESP*, São Paulo, edição n. 5, ano II, mai. 2002, p. 64 e 66.

[53] Gustavo Moulin salienta a necessidade de concretização das normas jurídicas em seu artigo A cidadania jurídica e a concretização da justiça, op. cit., p. 256/257, ao distinguir a "*liberdade de*" da "*liberdade para*".

CAPÍTULO 5
NACIONALISMO E UNIVERSALISMO

5.1 Soberania e direitos humanos. 5.2 Meio ambiente e soberania.

> *Há, assim, em cada nação, um cruzamento do particular e do universal: a nação é ainda uma participação no universal.* (Jorge Miranda)[1]

5.1. SOBERANIA E DIREITOS HUMANOS

> *Só é possível conceber direitos humanos globais mediante a relativização da soberania do Estado, em prol da universalização dos direitos humanos.* (Flávia Piovesan)[2]

Uma vez que os direitos humanos são violados, na maioria das vezes, pelo próprio Estado-nação, surge a necessidade de internacionalizar esses direitos, de conceder a eles o *status* jurídico de normas de proteção universal. Aparece internacionalmente a exigência de responsabilização dos

---
[1] MIRANDA, op. cit., p. 191.
[2] PIOVESAN, Flávia; SUNDFELD, Carlos Ari (Coord.); VIEIRA, Oscar Vilhena (Coord.). Direitos humanos e globalização. In: *Direito global*. São Paulo: Editora Max Limonad, p. 196.

Estados pelos atos que agredirem os seres humanos, que passam a ser protegidos no contexto mundial. No entanto, a tarefa de se impor uma tutela universal dos direitos humanos não é tão fácil quanto possa parecer.

Deixar sob a exclusiva responsabilidade da jurisdição doméstica a solução de controvérsias relacionadas à proteção dos direitos humanos pode acarretar sérias violações às convenções internacionais e propiciar cenários de total desrespeito a eles. Por outro lado, em razão da fluidez que a expressão *direitos humanos* traz consigo, pode o pretexto de sua proteção internacional acabar violando a soberania nacional.

O conceito de direitos humanos é oriundo da era moderna (da secularização) e o esforço de reconstrução desses direitos é um movimento que se fortalece e ganha impulso após a Segunda Guerra Mundial. As crueldades praticadas pelos Estados ao longo da história mais recente e, ainda, aquelas vistas de forma mais concentrada durante a Segunda Guerra Mundial fizeram surgir a necessidade de discussão sobre a legitimidade exclusiva do Estado no campo dos direitos humanos.

É interessante registrar que, nos anos 70, época do auge da Guerra Fria, as diferenças entre as democracias liberais do ocidente e o mundo socialista oriental eram muito evidentes. Os direitos humanos serviram, então, nesse contexto histórico, para reduzir a tensão e atenuar as diferenças entre o mundo ocidental e o oriental socialista e, ainda, como pressão política para a diminuição da coesão interna do sistema soviético.

Nos dias de hoje, o conflito entre o universalismo e o nacionalismo vem sendo intensificado em matéria de direitos humanos e, neste cenário, em que há movimentos ideológicos em todos os sentidos, fica dificultada a tutela universal do homem como um fim em si mesmo. Há, em inúmeras ocasiões, fortes choques entre as práticas de grupos culturais locais e valores tidos por universais e isso pode prejudicar a efetiva tutela dos direitos humanos.

Com vistas a assegurar uma proteção transnacional, foram criados inúmeros pactos que se destinam à tutela dos direitos humanos em nível regional e até mesmo global. Exemplos desses acordos são a Declaração Universal dos Direitos do Homem de 1948, a Convenção Europeia de Direitos Humanos, de 1950, o Pacto Internacional dos Direitos Civis e Políticos, de 1966, o Pacto Internacional dos Direitos Econômicos e Sociais, de 1966,[3] a Convenção Americana de Direitos Humanos, de 1969, a Carta Africana de Direitos Humanos, de 1981.

No Brasil, a incorporação ao direito positivo de normas jurídicas de âmbito internacional em matéria de direitos humanos se intensificou após o processo de democratização deflagrado na segunda metade da década de 80. Com a democratização e a promulgação da Constituição de 1988, inúmeros tratados e convenções foram e continuam sendo ratificados.[4] A Carta de 1988, é preciso dizer, teve papel relevante e inovador nesse tema, pois conferiu, pela primeira vez em um texto constitucional brasileiro, posição de destaque aos direitos humanos ao inseri-los, inclusive, como um dos princípios que regerá o Estado brasileiro nas suas relações internacionais (art. 4º, inc. II, da Constituição de 1988).[5] Com a adoção de uma postura mais madura após ter sido revigorada a democracia, o discurso nacionalista exacerbado e ufanista foi deixado de lado no Brasil.

Não estamos aqui a defender uma posição ingênua do Estado brasileiro na dinâmica da sua diplomacia e, especialmente,

---

3 O Pacto Internacional dos Direitos Civis e Políticos e o Pacto Internacional dos Direitos Econômicos e Sociais somente entraram em vigor em 1976, quando obtiveram o número mínimo de ratificações exigidas. PIOVESAN, Flávia. *Direitos humanos e o direito constitucional internacional*. 2ª ed. São Paulo: Editora Max Limonad, 1997, p. 178.

4 Flávia Piovesan noticia que, a partir de 1988, foram ratificados pelo Brasil os seguintes documentos: "*a) Convenção Interamaericana para Prevenir e Punir a Tortura, em 20/07/89; b) Convenção sobre os Direitos da Criança, em 24/09/90; c) Pacto Internacional dos Direitos Civis e Políticos, em 24/01/92; d) Pacto Internacional dos Direitos Econômicos, Sociais e Culturais, em 24/1/92; e) Convenção Americana de Direitos Humanos, em 25/09/92; f) Convenção Interamericana para Prevenir, Punir e Erradicar a Violência contra a Mulher, em 27/11/95*". PIOVESAN, Flávia; SUNDFELD, Carlos Ari (Coord.); VIEIRA, Oscar Vilhena (Coord.). Op. cit., p. 202.

5 PIOVESAN, Flávia. *Direitos humanos e o direito constitucional internacional*. 2ª ed. São Paulo: Editora Max Limonad, 1997, p. 68.

nas suas relações com Estados mais poderosos. Não é isso. O Estado brasileiro precisa estar sempre atento em relação aos reais interesses de outros Estados e somente deverá aprovar aqueles instrumentos internacionais que venham a realmente lhe trazer benefícios. No que concerne especificamente aos direitos humanos, vale, ainda, colocar em evidência que a sua tutela merece ser conduzida em primeiro plano pelo próprio Estado. Somente no caso da sua inércia ou em razão da prática de atos estatais que violem tais direitos é que a proteção internacional deverá ter lugar. Nesse sentido, Flávia Piovesan alerta que "*o sistema de proteção internacional dos direitos humanos é adicional e subsidiário e [...] pressupõe o esgotamento dos recursos internos para o seu acionamento*".[6]

A despeito das melhorias verificadas no Brasil, é preciso, ainda que com cautelas, progredir em matéria de direitos humanos: é o que prescreve o texto constitucional. A soberania estatal não pode servir de obstáculo, em toda e qualquer situação, para o alcance desse objetivo.

Nesse diapasão, é louvável registrar que, no final da década de 90, dois avanços marcantes tomaram lugar no âmbito das relações internacionais do Estado brasileiro. Um deles diz respeito à adesão do Brasil ao estatuto de criação do Tribunal Internacional Criminal Permanente, aprovado em Roma, em julho de 1998. Em segundo lugar, há de se destacar o Decreto Legislativo nº 89, de 03/12/98, que aprovou a solicitação do Poder Executivo Federal de reconhecimento da competência jurisdicional da Corte Interamericana de Direitos Humanos.[7]

Apesar de todo o esforço, os objetivos desses documentos não foram plenamente atendidos. A fase atual ainda não é satisfatória. Os Estados viram suas costas para aqueles que, embora sejam seres humanos, não são seus cidadãos, não são seus nacionais. Já com relação aos seus cidadãos, age o Estado

---

6 PIOVESAN, Flávia. *Direitos humanos e o direito constitucional internacional*. 2ª ed. São Paulo: Editora Max Limonad, 1997, p. 273.

7 *Ibidem*, p. 203.

como bem entende, o que ocasiona, por vezes, severas violações aos direitos humanos. De um lado, a ausência, de outro, o excesso.

Dificuldades na obtenção de recursos também são capazes de inviabilizar a materialização da tutela dos direitos humanos. Como chamou a atenção Celso Mello, "*a sua concretização depende de situações de fato, como as condições econômicas e eles se transformam em simples ideal*".[8]

Aqui abrimos um parêntese para dizer que, embora as condições financeiras de um Estado possam favorecer a proteção dos direitos humanos, não podemos afirmar que, se houver condição financeira satisfatória, esses direitos serão necessariamente respeitados. Um Estado sem recursos dificilmente conseguirá proteger os direitos humanos. Mas, por sua vez, um Estado detentor de riquezas também poderá não promover a proteção universal dos direitos humanos.

Segundo John Rawls, "*a promoção dos direitos humanos deve ser uma preocupação fixa da política exterior de todos os regimes justos e decentes*".[9] Os Estados não devem deixar de lado a questão dos direitos humanos no seu relacionamento exterior. Quando houver necessidade de modificação de regimes injustos, os Estados terão a função de pressionar e de exigir mudanças, com o intuito de assegurar a preservação dos direitos humanos na maior extensão territorial possível.

Rawls defende a ideia de que os direitos humanos devem ser classificados como universais por serem intrínsecos ao Direito dos Povos e por possuírem um efeito moral, mesmo que eventualmente não sejam observados em um determinado local ou por uma certa cultura. Segundo ele, mesmo os "*Estados fora da lei*" devem obediência aos direitos humanos.[10] Sua inobservância poderia, inclusive, ensejar a imposição de sanções

---

[8] MELLO, Celso Duvivier de Albuquerque. *Direito constitucional internacional*. Rio de Janeiro: Renovar, 1994, p. 189.
[9] Rawls, John. *O direito dos povos*. São Paulo: Martins Fontes, 2001, p. 62.
[10] O pensamento de John Rawls sobre esse tema pode ser compreendido em seu livro *O direito dos povos*. São Paulo: Martins Fontes, 2001, p. 105.

e até mesmo intervenções. O problema que apresentamos, no entanto, é saber qual Estado seria fora da lei, já que essa compreensão não é empreitada fácil.

Vicente Barreto lembra que John Rawls aponta três papéis principais a serem desempenhados pelos direitos humanos.[11] Primeiramente, eles teriam a função de representar uma condição necessária para a legitimação e aceitação de um regime jurídico. Em segundo lugar, os direitos humanos teriam a incumbência de evitar a ocorrência de intervenções. Se os direitos humanos estão sendo respeitados, não seria possível deflagrar uma intervenção. Como terceiro papel, os direitos humanos serviriam para fixar um limite último ao pluralismo dos povos. Não se poderia justificar uma violação aos direitos humanos com o pluralismo. Difícil é saber em que momento exato há uma violação aos direitos humanos, ou até mesmo identificar se um determinado ato é ofensivo a tais direitos, já que ele pode unicamente representar um inofensivo costume local.

Diante de toda esta celeuma para a identificação dos direitos humanos, parece-nos extremamente oportuna a já famosa passagem de Norberto Bobbio no sentido de que:

> O problema fundamental em relação aos direitos do homem, hoje, não é tanto o de justificá-los, mas o de protegê-los. [...] Não se trata de saber quais e quantos são esses direitos, qual sua natureza e seu fundamento, se são direitos naturais ou históricos, absolutos ou relativos, mas sim qual é o modo mais seguro para garanti-los, para impedir que, apesar de solenes declarações, eles sejam continuamente violados.[12]

Mesmo havendo países que não os respeitam, os direitos humanos continuam a integrar o rol de direitos que legitimam a atuação do poder do Estado. Age legitimamente o poder estatal

---

11 BARRETO, Vicente. TORRES, Ricardo Lobo (Org.). Ética e direitos humanos: aporias preliminares. In: *Legitimação dos direitos humanos*. Rio de Janeiro: Renovar, 2002, p. 502.
12 BOBBIO, Norberto. *A era dos direitos*. Rio de Janeiro: Editora Campus, 1992, p. 24-25.

que estabelece padrões de conduta respeitadores dos direitos humanos. Além desse aspecto, cabe dizer que sua efetivação é fortemente influenciada pela opinião pública, o que leva Zippelius a afirmar, inclusive, que a pressão política para a proteção aos direitos humanos:

> *É mais eficaz em Estados mais fortemente dominados pelo regime da opinião pública do que em Estados que conseguem resguardar-se, com maior ou menor êxito, contra a influência da opinião pública mundial.*[13]

Na doutrina, Flávia Piovesan e Cançado Trindade entendem que um tratado relacionado a direitos humanos recebe o *status* de norma constitucional. A jurista Piovesan afirma que "[...] *a carta de 1988 confere aos tratados de direitos humanos o* status *de norma constitucional, por força do art. 5º, parágrafo 2º. O regime jurídico diferenciado conferido aos tratados de direitos humanos não é, todavia, aplicável aos demais tratados, isto é, aos tratados tradicionais*".[14] Quanto aos tratados tradicionais, aqueles não relacionados aos direitos humanos, haveria necessidade de sua incorporação no ordenamento jurídico brasileiro por um decreto de promulgação.

Celso Mello, por sua vez, possui uma posição mais inclinada em favor da primazia das normas que mais privilegiem os seres humanos. Segundo ele,[15] os tratados sobre direitos humanos possuem força supraconstitucional e poderiam até mesmo revogar as normas constitucionais. Para Celso Mello, em caso de conflito, deve ser aplicada a norma mais benéfica ao ser humano, a *"norma mais favorável às vítimas"*.[16]

---

13 ZIPPELIUS, op. cit., p. 433.
14 PIOVESAN, Flávia. *Direitos humanos e o direito constitucional internacional*. Editora Max Limonad. 2ª ed. 1997, p. 111.
15 MELLO, Celso Duvivier de Albuquerque. *Direitos humanos e conflitos armados*. Rio de Janeiro: Renovar, p. 38.
16 Idem. *Curso de direito internacional público*. 12ª ed. rev. e ampl. Rio de Janeiro: Renovar, 2000. v. 1, p. 801.

Maurício Andreiuolo Rodrigues,[17] acompanhando o pensamento de Francisco Rezek, defende que os tratados não poderiam afastar a aplicação das normas constitucionais. No confronto entre a norma constitucional e a lei ordinária, deve prevalecer a lei fundamental do Estado. Na conclusão de Maurício Andreiuolo Rodrigues, ocasião em que faz alusão ao trabalho de Michael Walzer (*Thick and Thin – Moral Argument at Home and Abroad*), o afastamento da norma constitucional somente deveria ocorrer se ela violasse o mínimo ético, se ofendesse a moral mínima a ser observada universalmente e os valores e ideais incutidos na mente de todos os seres humanos. Segundo Walzer, há duas modalidades de moralidade. Uma seria a moralidade mínima, isto é, aquela que diz respeito ao caráter universal do indivíduo. Todo indivíduo em qualquer lugar do planeta teria de observar tal moralidade. A outra moralidade seria a moralidade máxima, que é aquela observada em uma dada cultura, aquela verificada em uma certa localidade. Seria possível mexer e alterar a abrangência da moralidade máxima [que é *thick* (espessa) e admite compressão], mas não suprimir ou reduzir a moralidade mínima [*thin* (delgada, fina)], que retrata um agrupamento de direitos mínimos do ser humano.[18]

Os díspares argumentos apresentados por Flávia Piovesan, Cançado Trindade, Celso Mello, Maurício Andreiuolo e Francisco Rezek são todos plenamente aceitáveis do ponto de vista jurídico. Todas as teses foram erigidas sobre sólidos alicerces e só nos resta concluir que a adesão a uma delas há de ser feita considerando-se outros aspectos que não os exclusivamente jurídicos.

Com base nessa premissa, parece-nos que o entendimento mais adequado e que conduz à mais ampla e eficaz proteção dos direitos humanos é o externado por Celso Mello, segundo o qual

---

[17] RODRIGUES, Maurício Andreiuolo. *Teoria dos direitos fundamentais. Os tratados internacionais de proteção dos direitos humanos e a constituição.* Editora Renovar. 2ª ed. p. 157-195.

[18] Havendo interesse em se aprofundar no pensamento de Michael Walzer quanto à moralidade mínima e moralidade máxima, será oportuna a leitura de seu livro *Thick and thin. Moral argument at home and abroad.* Op. cit.

os tratados de direitos humanos poderiam revogar as normas constitucionais e a norma a prevalecer deveria ser aquela mais favorável ao ser humano (vítima).

A primordial finalidade da crença nos direitos humanos é a de que eles sejam protegidos da melhor forma possível e em todos os lugares do mundo. Nesse contexto, a preocupação de saber se a proteção deve ser conferida pelo Estado ou pela sociedade internacional deixa de ter relevância e fica em segundo plano. O que realmente importa é a sua tutela efetiva.

De acordo com esse pensamento, não soa correto que um determinado documento internacional em matéria de direitos humanos e que tenha sido incorporado pelo Estado possa ter seus efeitos apagados por uma norma de direito interno, ainda que constitucional, que seja menos benéfica ao ser humano. A resistência estatal aos progressos nessa matéria pode ter como consequência um indesejável retardo dos avanços rumo a uma tutela universal.

Feitos os breves comentários sobre a incorporação de tratados de direitos humanos no Brasil, salientamos que uma crítica que se tem feito aos direitos humanos é a de que eles, por dizerem respeito a um conceito específico europeu e ocidental, também poderiam servir como uma ferramenta para o domínio de outras sociedades pelos países capitalistas ocidentais. Há o permanente risco de seu emprego como instrumento de imposição de valores, notadamente se considerarmos que o debate sobre os direitos humanos é, do ponto de vista histórico, recente.

Atento a esse perigo, Rainer Forst, pesquisador do Instituto de Filosofia de Frankfurt, predica a necessidade de obtenção de um conceito sensível à cultura (*Kultursensitiv*) e que seja, ao mesmo tempo, neutro culturalmente.[19] É preciso buscar um conceito que seja universalmente válido e aplicável no caso

---

[19] FORST, Rainer. Das grundlegende recht auf rechtfertigung. zu einer konstrutivistischen Konzeption von menschenrechten. In: *Recht auf menschenrechte. Menschenrechte, demokratie und internationale politik.* Editora Suhrkamp, 1999, p. 66-105.

particular. De acordo com Rainer Forst, uma cultura é uma perfeita integridade. A integridade do todo é uma condição para a integridade do individual. A integridade do membro é uma condição para a integridade da coletividade. Uma interferência externa pode causar uma ferida nessa integridade e comprometer seus valores e sua autenticidade.

Daí a dificuldade de se aceitar qualquer imposição externa voltada para alterar a Constituição de um Estado. Rainer Forst defende que toda norma, ainda que de direitos humanos, apenas deverá ser utilizada se tiver sido aceita pelo corpo social onde será inserida. Caso contrário, a soberania fica comprometida.

Para Forst, toda enumeração de direitos humanos é resultado de uma experiência histórica. Eles não são uma criação desprovida de origens e nem devem surgir em um sentido vertical, mas em um sentido horizontal, por meio da aceitação e reconhecimento e também por meio de processos de justificação/explicação. Esse talvez seja um dos principais motivos para a maior efetividade de tutela dos direitos humanos por meio de instituições regionais em lugar de organismos universais. Embora as fronteiras estatais também sejam desconsideradas no caso de instituições regionais, a proximidade territorial, que quase sempre acarreta uma intimidade cultural, facilita o enfrentamento de problemas e a concretização da proteção pretendida, o que nem sempre ocorre mundialmente.

Forst destaca que não somente em relação ao seu próprio ordenamento jurídico, mas, também, em relação ao ordenamento dos outros que não fazem parte politicamente de sua comunidade, os cidadãos deverão assumir o seu papel como pessoa moral e como cidadão do mundo (*Weltbürger*).

Nos dias de hoje, a validade dos direitos humanos não pode mais se restringir às fronteiras do Estado-nação. Os direitos da pessoa não devem estar vinculados unicamente à cidadania estatal. Atualmente, por exemplo, a meta a ser alcançada é a de que, na Alemanha, todos os seres humanos sejam iguais perante a lei alemã, enquanto, nos idos da República de Weimar, somente os alemães eram considerados para os fins desta igualdade. A cidadania, como rememora Luigi Ferrajoli, não merece ser tida "*como privilégio e como fonte de discriminação contra os não cidadãos*".[20]

Na época atual, em que o Estado-nação é engolido pelo fenômeno da globalização, ainda é árduo conseguir universalizar direitos em realidades que não adotam o modelo ocidental. Quanto a esse aspecto, destacou Daniel Sarmento que a globalização:

> *Acarreta uma certa homogeneização das práticas culturais, favorecendo a consolidação de uma ética comum aos povos, e criando com isso um ambiente propício para a tutela dos direitos fundamentais no plano supranacional. Entretanto, por outro lado, a superexposição das diversas culturas a costumes exógenos às vezes produz os resultados diversos, fermentando fundamentalismos dos mais diversos matizes, e minando as bases necessárias para a sedimentação de uma pauta axiológica mínima compartilhada indispensável à proteção dos direitos humanos na esfera global*".[21]

Há bens jurídicos comuns a toda a humanidade, bens que se difundem por todos os povos. A preservação da paz, a manutenção da ordem, a tutela do meio ambiente, a guerra contra a fome, a proteção aos recursos naturais (como a água) indispensáveis à sobrevivência humana, o combate a doenças que atingem a humanidade, dentre inúmeros outros exemplos, representam interesses a serem preservados por todos os habitantes do planeta Terra.[22] O difícil é saber em que medida cada povo terá de ceder parcela de seus interesses locais para assegurar a proteção desses bens tidos como globais.

---

20 FERRAJOLI, op. cit., p. 35.
21 SARMENTO, Daniel. Constituição e globalização: a crise dos paradigmas do direito constitucional. In: *Anuário Direito e Globalização. A soberania*, p. 65.
22 LOHBAUER, Christian. Governança Global: regras para ordenar um mundo anárquico. In: *Governança global*. n. 16. Konrad Adenauer Stiftung, 1999, p. 43.

Desejamos todos que os direitos humanos sejam universalmente observados. Estamos convencidos de sua retidão e, portanto, almejamos sua universalidade no âmbito político, ético e jurídico. Contudo, podemos afirmar que este anseio não se verifica globalmente, bastando, para tanto, fazermos uma comparação da realidade da Alemanha ou da França com a encontrada na China.

Existem Estados que até reconhecem os direitos humanos, mas os empregam de modo "frouxo". Uma segunda categoria de Estados também reconhece os direitos humanos, mas com outras finalidades e propósitos, como o da preservação e defesa de seu território. Uma terceira categoria de Estados aceita os direitos humanos com base unicamente em seus costumes culturais e não com o sentido europeu. Uma quarta categoria de Estado somente reconhece os direitos humanos como direitos do homem em ocasiões excepcionais.[23]

Heinhard Steiger, que é professor de Direito Público em Giessen, chama a atenção para o fato de que a maioria dos Estados não aceita a imposição de organismos internacionais que determinam quais direitos humanos devem ser preservados. Ainda que os textos internacionais sobre direitos humanos sejam adotados, suas interpretações são bastante variadas, o que chega a os tornar, por vezes, inócuos.

Há uma dificuldade de universalizar os direitos humanos e de os prever no Direito positivo, tendo em vista que esses direitos conflitam com outras metas dos países. A defesa da unidade de um país, por exemplo, é um objetivo que acaba acarretando violações aos direitos humanos (ex.: Espanha x Bascos e China x Tibet).

Aponta Steiger a necessidade de se discutir o significado da expressão *"teoria universal dos direitos humanos"* e, para tanto, ele indaga sobre o significado de cada um destes termos: teoria, universal e direitos humanos.[24] Steiger chega à conclusão de

---

23 STEIGER, Heinhard. Brauchen wir eine universale theorie für eine völkerrechtliche positivierung der menschenrechte? In: *Recht auf menschenrechte menschenrechte, demokratie und internationale politik*. Frankfurt am Main: Editora Suhrkamp, 1999, p. 41-51.
24 *Ibidem*, loc. cit..

que o reconhecimento dos direitos humanos por um Estado (sua inserção no ordenamento jurídico interno) não depende da existência de uma teoria universal sobre direitos humanos, mas sim da ambição do Estado de alcançar uma posição política favorável na comunidade internacional.

Em síntese, Heinhard Steiger defende que: i) os países que previram os direitos humanos no seu Direito positivo como normas fundamentais fizeram isso também com o objetivo de se proteger de pressões externas; ii) há uma necessidade de cooperação internacional, não mais devendo subsistir as pretensões estatais de independência e autossuficiência; iii) a realidade dos direitos humanos origina comportamentos pacíficos. A sua violação em massa gera guerras civis (*Bürgerkriegen*), que originam mais violações aos direitos humanos e colocam, cada vez mais, a paz em perigo.

Há cerca de 200 anos que os direitos humanos têm sido exigidos pelos cidadãos e, ainda que por fundamentos distintos (religioso, filosófico etc.), vêm tendo seus horizontes ampliados e, cada vez mais, possuem uma maior força de imposição (*Durchsetzungskraft*). No entanto, e isso também é preciso reconhecer, existem rupturas na dinâmica de proteção dos direitos humanos que, com frequência, conduzem a um retrocesso no seu processo de desenvolvimento.

Com a evolução da globalização, os direitos humanos vêm se afastando de uma noção meramente abstrata e ideal. Deixam de ser unicamente tidos como puras normas de direito natural para serem considerados como uma densa rede de Direito positivo, de âmbito mundial. Contudo, a formação dessa rede não é tão simples. A dificuldade de tutela dos direitos humanos de forma global tem como uma de suas causas a dificuldade da sua normatização em nível internacional. Embora tenha havido a ratificação de inúmeros documentos sobre direitos humanos, a sua tutela não está, e isso é um fato notório, efetivamente assegurada.

Se por um lado esta deficiência de tutela efetiva pode decorrer da falta de vontade política, por outro pode ser consequência da má interpretação dos direitos humanos. Vale dizer, por vezes os direitos humanos são colocados em posições antagônicas (direito à liberdade e direitos sociais) e a errônea interpretação desses antagonismos pode gerar flagrantes violações a esses direitos. Quanto ao tópico, adotamos o posicionamento de Flávia Piovesan, para quem apresentam os "*direitos humanos uma unidade indivisível*".[25] A divisão dos direitos humanos em três gerações de direitos [direitos civis e políticos (liberdade), direitos sociais (igualdade) e direitos à paz, ao desenvolvimento e à livre determinação (solidariedade)] pode comprometer a sua efetividade. A divisão não dará bons frutos e deve ser evitada, pois não há como se conceber a tutela do ser humano sem levar em consideração os três aspectos indissociavelmente. Parece-nos recomendável o abandono da ideia de sucessão entre as três gerações de direitos, pois o que existe, na realidade, é uma interdependência e um diálogo simultâneo entre as três gerações.

Como não há uma teoria universal sobre direitos humanos, é preciso harmonizar as teorias então existentes (cristianismo, liberalismo, socialismo, islamismo, hinduismo, asiática, africana etc.), a fim de que as divergências "*interculturais*" e "*intraculturais*" sobre as garantias dos direitos humanos sejam neutralizadas. O próprio direito humano à liberdade de pensamento tem sua compreensão universal dificultada. Não há, também, um entendimento universal sobre o que seja o direito à vida. Em razão de todas essas dificuldades, é razoável defender que o conteúdo de cada direito humano seja discutido em comissões ou órgãos comunitários.[26] Essa medida facilitaria a harmonização das concepções e até mesmo proporcionaria uma melhor compreensão sobre as diferenças.

---

25 PIOVESAN, Flávia. *Direitos humanos e o direito constitucional internacional*. 2ª ed. São Paulo: Editora Max Limonad, 1997, p. 160.
26 STEIGER, op. cit., p. 41-51.

A tutela dos direitos humanos tem sido regionalizada com a criação de blocos econômicos que contenham integrantes com perfis relativamente semelhantes. Em cada região, a necessidade de cooperação é muito grande, o que estimula sobremaneira a efetividade dos direitos humanos. Quem participa ou pretende participar do Conselho Europeu (*Europarat*) precisa sujeitar-se ao controle da comunidade em matéria de direitos humanos, sendo oportuno rememorar que a proteção europeia a esses direitos acabou influenciando outras regiões do mundo.[27]

Ainda com relação ao caráter universal dos direitos humanos, nunca é demais lembrar a posição de Celso Mello, para quem:

> [...] *mesmo sem qualquer fundamento, nós, ocidentais, ainda sonhamos com a universalização, mas temos que reconhecer que ela não existe, mas é apenas um processo em realização que poderá atingir ou não o seu fim.*[28]

É um fato que a universalização dos direitos humanos ainda não existe, e nem sabemos se esse fato ocorrerá. No caso dos países asiáticos, por exemplo, diversamente do que ocorre com os do mundo ocidental, a coletividade é colocada em posição de primazia em relação ao indivíduo e a ética não é claramente separada do Direito, o que pode gerar conflitos com o padrão ocidental de Estado e de direitos humanos.

À guisa de ilustração, governos como os de Singapura, Malásia e China priorizam os direitos de cunho primordialmente social e coletivo em detrimento dos direitos individuais. Ao fazê-lo, eles procuram rechaçar as críticas do mundo ocidental às infrações cometidas a direitos fundamentais individuais. Para esses países, a crença geral é a de que os direitos de participação política e de liberdade de opinião devem ser adiados até que os países atinjam um desenvolvimento econômico que permita

---

27 Em notícia veiculada em 04/08/2002 no jornal *O Globo*, há menção de que a pena de morte foi abolida na Turquia com o objetivo de preparar o país para o ingresso na União Europeia.
28 MELLO, Celso Duvivier de Albuquerque. *Direitos humanos e conflitos armados*. Rio de Janeiro: Renovar, p. 5.

proporcionar as necessidades básicas da população. Entre os asiáticos, predomina, portanto, a ideia de que, para uma população que se encontra na miséria, a igualdade de direitos e a liberdade de opinião não são tão relevantes quanto o direito (coletivo) a uma melhor condição de vida.

Indiscutivelmente essa visão oriental do mundo, que não podemos afirmar que seja pior, ou melhor, que a ocidental, tem dificultado a propagação dos direitos humanos nos moldes defendidos pelos países do Ocidente. No entanto, embora a situação asiática seja uma realidade, ela poderá ser alterada pelos fortes ventos da globalização, conforme já alertou Flávia Piovesan:

> Não há mais como se dizer que os direitos humanos são um tema da jurisdição doméstica de um Estado, porque as fronteiras passam a ser questionadas. [...] A globalização requer isso, ela só existe se a soberania não for absoluta, se nós formos partir de quatro muralhas, de quatro paredes de fronteira insuperáveis, não há que se falar em globalização, em universalização e em internacionalização.[29]

Nesse mesmo sentido, Habermas concluiu que as sociedades asiáticas somente terão condições de ser admitidas no mundo capitalista moderno se adotarem uma ordem jurídica com um discurso individualista.[30]

Temos visto que os direitos humanos inspiram uma proteção que deixa de pertencer exclusivamente à jurisdição doméstica; o que acaba limitando o alcance da soberania dos Estados. Nesse contexto, a necessidade de proteção internacional dos direitos humanos faz surgir a obrigatoriedade de sua legitimação no âmbito estatal. Um povo somente deve ter sua soberania restringida se os motivos para a ingerência internacional em

---

29 PIOVESAN, Flávia. Dialogando sobre direitos humanos. In: Cadernos de Direito e Cidadania I. Artchip Editora. São Paulo, nov. 1999, p. 141-142.
30 HABERMAS, Jürgen. Der interkulturelle diskurs über menschenrechte. In: Recht auf menschenrechte. menschenrechte, demokratie und internationale politik. Editora Suhrkamp, 1999, p. 216-227.

matéria de direitos humanos forem legítimos e razoáveis. O Pacto Social sobre Direitos Econômicos, Sociais e Culturais e o sobre Direitos Civis e Políticos preveem, por exemplo, que: *"Em caso algum, poderá um povo ser privado de seus próprios meios de subsistência"*.[31] Com fundamento, portanto, no que afirmamos, a violação desse artigo somente deve ser suficiente para permitir uma ingerência em um determinado Estado quando a sua população perceber e reconhecer que está, de fato, sendo privada dos seus meios de subsistência e que necessita de auxílio internacional. Caso contrário, a ingerência será ilegítima e, por consequência, a soberania estará sendo violada.

A soberania, como bem asseverou Machado Paupério, *"em vez de tripudiar sobre os direitos do homem, deve tornar-se um instrumento coletivo para assegurá-los. Seus atos tornam-se justos à proporção que asseguram e defendem direitos"*.[32]

Sob outro enfoque, não há razões orçamentárias que possam justificar a violação de direitos humanos. Sobre esse assunto, Ricardo Lobo Torres já dissertou e asseverou que:

> *Se o Estado deixar de garantir os direitos humanos, ainda que a pretexto da inexistência de verbas orçamentárias, fica sujeito ao controle jurisdicional e pode ser obrigado, por meio de precatório extraído de sentença condenatória ou de mandado de injunção, a providenciar a inclusão da dotação necessária no orçamento do ano seguinte.*[33]

O Estado não pode esvaziar a função e relevância dos direitos humanos com a alegação de que não possui recursos financeiros para sua implementação. A proteção do ser humano há sempre de ser garantida e consistir na mais alta finalidade do Estado e da sociedade internacional. Nesse sentido, irretocável é a lição

---

31 Texto veiculado pela alínea 2 do art. 1º dos dois referidos pactos.
32 PAUPÉRIO, Arthur Machado. *Teoria democrática do poder. Teoria democrática da soberania*. Rio de Janeiro: Editora Forense Universitária, 1997, p. 152.
33 TORRES, Ricardo Lobo. *Tratado de direito constitucional, financeiro e tributário*. Editora Renovar, 2000. v. V, p. 177.

de Celso Mello, para quem *"o Estado se encontra em fase de ser ultrapassado, não se sabendo o que o substituirá como formação social; só nos resta o homem, e este precisa ser defendido a fim de que possa desenvolver-se na sua plenitude"*.[34]

5.2. MEIO AMBIENTE E SOBERANIA

Desde já, destacamos que não pretendemos, neste tópico, discorrer com a extensão que o tema do meio ambiente recomenda, pois fugiria da finalidade deste trabalho. A meta aqui é outra, mais especificamente a de chamar atenção para a relação existente entre a soberania e a proteção ao meio ambiente.

Questões ambientais interessam a toda a humanidade e dizem respeito, inclusive, a gerações futuras. A natureza pressupõe uma totalidade global. Todos os homens e seres vivos estão envolvidos e são afetados pela questão ambiental, inclusive aqueles ainda não nascidos.

Embora a preocupação ambiental pareça ser algo recente, valioso é o relato de Celso Mello de que *"o direito florestal surgiu na Babilônia em 1900 a.C."* e que *"o Código Hitita, redigido entre 1380 e 1340 a.C., tem norma proibindo a poluição da água"*.[35]

Não há limites territoriais que justifiquem a violação do meio ambiente,[36] o que impulsiona a existência de uma solidariedade nessa matéria e faz com que o Direito Ambiental seja tratado, inclusive, com a denominação direito humano fundamental.[37] A universalidade é sua característica, uma vez que a todos os seres vivos interessa, por exemplo, a proteção da Floresta Amazônica.

---

34 MELLO, Celso Duvivier de Albuquerque. *Direitos humanos e conflitos armados*. Rio de Janeiro: Renovar, p. 2.

35 MELLO, Celso Duvivier de Albuquerque. *Curso de direito internacional público*. 12ª ed. rev. e ampl. Rio de Janeiro: Renovar, 2000. v. 2, p. 1.261.

36 Sobre o seu conceito, transcrevemos as palavras de José Afonso da Silva, para quem *"o meio ambiente é, assim, a interação do conjunto de elementos naturais, artificiais e culturais que propiciem o desenvolvimento equilibrado da vida em todas as suas formas"*. SILVA, José Afonso da. *Direito ambiental constitucional*. 4ª ed. rev. e atual. São Paulo: Malheiros, 2002, p. 20.

37 ANTUNES, Paulo de Bessa. *Direito ambiental*. Rio de Janeiro: Lumen Juris, 1996.

O perigo surge, entretanto, com as reais pretensões ocultadas pelo discurso ambientalista. A dificuldade aparece, como é comum em questões que envolvem bens de natureza universal, no aspecto da legitimidade. Quem será competente para ditar as normas a serem observadas em matéria ambiental?

No exemplo da Amazônia, a história comprova que o Brasil já sofreu, e vem sofrendo até hoje, fortes pressões para a relativização (ou até mesmo abandono) do exercício da soberania brasileira na região da floresta.

Em 1850, foi criada pelos Estados Unidos a *Amazon Steam Navegation Company* com a finalidade de viabilizar a livre navegação nos rios amazônicos. Na década de 30 do século XX, japoneses fizeram um plano de ocupação da Amazônia com o objetivo de redistribuir a população mundial. Dez anos mais tarde, o Instituto Internacional da Hileia Amazônica da Unesco pugnou pela desapropriação da Amazônia, a fim de que fosse ela concedida a alguma entidade internacional. Mais tarde, nos anos 60, o Projeto Grandes Lagos, do Instituto Hudson, foi elaborado – sem qualquer participação ou consentimento do Brasil – com objetivo de construir sete grandes lagos na Amazônia.[38]

Há, ainda nos dias de hoje, pressões no sentido de transformar a Amazônia em patrimônio comum da humanidade. Com essa ação, ficaria afastada a soberania brasileira sobre a região, o que não necessariamente acarretará maior tutela dos recursos ambientais lá existentes.

Interessante que a opinião pública, moldada pelo discurso ambientalista que permeia o mundo ocidental, notadamente os países desenvolvidos, passa a ter uma posição favorável à internacionalização da Amazônia. De acordo com uma pesquisa desenvolvida pela CNT/Sensus (Confederação Nacional do Transporte e Instituto Sensus), de 8.912 entrevistados, 70,4% afirmaram que o mundo deveria contribuir para a preservação da floresta amazônica por meio de organismos internacionais.

---

38 MATTOS, Adherbal Meira. *Direito, soberania e meio ambiente*. Editora Destaque, 2001, p. 50-51.

Apenas 20,1% afirmaram que essa responsabilidade era exclusiva do Brasil.[39]

O discurso de proteção ao meio ambiente, ainda que louvável, não pode servir de instrumento para impedir o exercício da soberania sobre determinado território. Caso contrário, haveria flagrante intervenção em temas a serem solucionados em primeiro plano pelo Estado-nação. A comunidade internacional deve atuar subsidiariamente, buscando somente incentivar os Estados a agirem em conformidade com o que dele se espera em matéria de proteção ambiental.

Os países menos desenvolvidos precisam estar atentos aos efeitos maléficos dos discursos dissimulados e devem evitar que infundadas razões ecológicas fulminem a soberania estatal. Sobre o tema, ao tratar especificamente da questão da Amazônia brasileira, Paulo Bonavides alerta que "*o cavalo de Troia de falsos ecologistas, falsos antropólogos, falsos indianistas e falsos evangelizadores se introduz sub-repticiamente na Amazônia*".[40] É preciso ter cuidados e deixar a ingenuidade de lado. Por este mesmo motivo, deve ser refutado o discurso, frequentemente direcionado aos países pobres, de que o desenvolvimento há de ser freado com a finalidade de se evitar uma maior agressão ao meio ambiente, especialmente porque, via de regra, aqueles que mais destroem os recursos naturais são os verdadeiros mentores de tais ideias.

No que concerne à relação entre o desenvolvimento e a destruição ambiental, deve-se rememorar a alusão de Luís Roberto Barroso de que as violações ao meio ambiente não são peculiares de determinados estágios de progresso e de riqueza dos Estados, pelo que:

> Podem resultar tanto do excesso do desenvolvimento quanto da falta de desenvolvimento.

---

39 A pesquisa foi realizada pela CNT/Sensus em 22 países, que representam 64% da população mundial e seu resultado foi publicado no *Jornal do Commmercio* sob o título de reportagem BRASILEIRO tem autoestima acima da média mundial. Pesquisa da CNT revela imagem do País no exterior. *Jornal do Commercio*, 14 nov. 2001. País, p. A-12.

40 BONAVIDES, Paulo; LITRENTO, Oliveiros (Coord.). A questão da Amazônia. In: *Perspectivas atuais do direito*. Rio de Janeiro: Forense Universitária, 1994, p. 67.

Na primeira categoria situam-se o desperdício de recursos e os diferentes poluentes de origem industrial. Na segunda encontram-se a utilização não racional de recursos naturais.[41]

A escolha pela preservação ambiental pode contrariar interesses econômicos e o progresso tecnológico. Em razão disso, saber o momento de equilíbrio é a função que o Estado e a sociedade civil devem ter em mente. Nesse contexto, o Estado deve dar publicidade sobre o modo como desempenha sua política ambiental, a fim de que a comunidade estatal possa ter ciência do que está sendo preservado e optar pelos valores que entende devam prevalecer. Como a proteção ao meio ambiente pressupõe o exercício de inúmeros poderes estatais e representa uma manifestação da soberania, imposições internacionais não são saudáveis e podem não espelhar uma aceitação da comunidade estatal em relação a determinadas matérias específicas.

No cenário global, a tentativa de universalização da tutela ambiental vem sendo tratada em congressos e instrumentalizada em variados documentos internacionais. Em 1972, foi realizada em Estocolmo, na Suécia, uma conferência das Nações Unidas que resultou na Declaração do Meio Ambiente. Essa declaração é marcante na história mundial, pois possui 26 princípios que influenciaram inúmeras Constituições, inclusive a brasileira.

A aludida Declaração do Meio Ambiente representa um marco, mas é preciso alertar que o consenso em torno de uma tutela universal em matéria ambiental, como pretende o referido documento internacional, é uma meta que vem encontrando sérias resistências no mundo.

A ECO 92 realizada no Rio de Janeiro é prova de quanto é difícil harmonizar interesses estatais e elaborar protocolos e normas capazes de modificar o modo de agir dos Estados. A ECO 92 originou alguns documentos internacionais. Dentre eles,

---

41 BARROSO, Luís Roberto. A proteção do meio ambiente na constituição brasileira. *Revista de Direito da Procuradoria-Geral do Estado do Rio de Janeiro*, Rio de Janeiro, n. 44, 1992, p. 44-45.

podemos destacar a *Agenda 21*, que contém programas de ação para um futuro desenvolvimento sustentável com a proteção do meio ambiente, a *Convenção sobre Biodiversidade*, que teve o objetivo de reconhecer a possibilidade de uso dos recursos da biodiversidade pelo Estado do local em que tais recursos se encontrem, a *Declaração do Rio*, que possui um conjunto de princípios com a finalidade de inserir o homem como elemento principal na proteção do meio ambiente e no desenvolvimento.[42] Vale lembrar, ainda, a assinatura da *Convenção das Nações Unidas sobre Mudança do Clima,* que teve como finalidade primordial dar impulso a ações mais enérgicas de controle dos gases causadores do efeito estufa.[43]

Contudo, sem embargo dos documentos celebrados, de lá até hoje pouco se fez em termos práticos, sendo louvável citar o exemplo da recusa norte-americana de assinatura do Protocolo de Quioto de 1997.[44]

No Brasil, a despeito da existência de uma degradação generalizada do meio ambiente em território nacional, não há, de um modo geral, do que reclamar em sede de legislação. A elevação do tratamento do tema em capítulo específico da Constituição da República já demonstra a atenção que o assunto recebeu. O Capítulo VI do Título VIII da Carta de 1988 é o primeiro específico em um texto constitucional brasileiro a abranger a tutela do meio ambiente. Destaque-se, ainda, que o art. 170, inciso VI, da Constituição preconizou que a defesa do meio ambiente é um dos princípios da ordem econômica.

O Brasil tem acompanhado o que há de mais moderno na legislação ao redor do mundo sobre meio ambiente. Essa atualização fica bem demonstrada com a instituição, no Brasil, da

---

42 LOHBAUER, Christian. Governança global: regras para ordenar um mundo anárquico. In: *Governança global*. n. 16. Konrad Adenauer Stiftung, 1999, p. 55.
43 SILVA, op. cit., p. 66.
44 Em sua essência, o Protocolo de Quioto tem como finalidade fixar metas para a redução das emissões futuras de dióxido de carbono e de outros gases que contribuem para a ocorrência do efeito estufa no planeta.

responsabilidade objetiva e do princípio do poluidor-pagador,[45] segundo o qual quem polui o meio ambiente responderá pelos prejuízos causados, o que evita que os danos e despesas sejam diluídos na sociedade. As penas severas previstas na legislação infraconstitucional, especialmente na Lei nº 9.605/98, também atestam que a solução para os problemas existentes atualmente está mais próxima do cumprimento da legislação em vigor do que da sua modificação. Com efeito, as dificuldades de proteção seriam ultrapassadas mediante um exercício mais pleno da soberania, plenitude essa representada por uma maior capacidade do Estado brasileiro de conferir efeitos concretos às suas normas jurídicas em matéria ambiental.

Como não existe um único culpado e como o interesse ambiental é global, todos os Estados devem concentrar-se na obtenção de soluções para os problemas nesta seara sem deixar de lado o respeito às soberanias.[46] A despeito de ser um interesse mundial, a tutela ambiental merece, na falta de uma instituição mais adequada, ser preservada pelos Estados em um clima de cooperação. Essa cooperação não pode ter o contorno de uma dissimulada substituição da vontade do Estado pela vontade estrangeira.

---

45 Antes mesmo do advento da Constituição da República de 1988, a responsabilidade objetiva e o princípio do poluidor-pagador já eram previstos na Lei nº 6.938, de 1981.

46 Sobre o tema, cumpre asseverar que o princípio 24 da Declaração do Meio Ambiente de Estocolmo prevê que *"Todos os países, grandes ou pequenos, devem empenhar-se com espírito de cooperação e em pé de igualdade na solução das questões internacionais relativas à proteção e melhora do meio. É indispensável cooperar mediante acordos multilaterais e bilaterais e por outros meios apropriados a fim de evitar, eliminar ou reduzir e controlar eficazmente os efeitos prejudiciais que as atividades que realizem em qualquer esfera possam acarretar para o meio, levando na devida conta a soberania e os interesses de todos os Estados."* SILVA, op. cit., p. 63.

Conclusões

O conceito de soberania, que precede a existência do Estado moderno e começa a aparecer na Idade Média, tem sofrido constantes mutações históricas, o que não afasta a ideia de que continua sendo um atributo indispensável para um Estado que pretenda conferir efetividade às suas normas jurídicas de forma autônoma e independente.

A despeito de a soberania ser relevante para os Estados, ela unicamente representa uma qualidade do poder, e não o poder estatal em si. Dessa forma, é possível admitir a existência de Estados não soberanos. Soberania não equivale a poder estatal e somente o poder estatal é obrigatório para a existência de todo e qualquer Estado.

O fenômeno da globalização tem, por um lado, ampliado o leque de pretensões dos súditos de um Estado e, por outro, diminuído a capacidade estatal de satisfazer esses anseios.

A consideração da soberania como um conceito jurídico indeterminado ou como um princípio coloca em evidência a ideia de que ela não é absoluta e que deverá sofrer ponderação com outros princípios em uma dada situação concreta. Dessa forma, a identificação dos limites e das possibilidades da soberania exige a sua incidência de forma ponderada em um caso específico, o que nos leva a concluir que a soberania ganha seu contorno no Estado Democrático de Direito por intermédio da sua ponderação com outros princípios constitucionais.

Sem embargo da existência de teses em sentido contrário, pensamos que, nos dias de hoje, a soberania deixou de ser uma qualidade exclusiva do poder estatal e pode, inclusive, se manifestar em organizações supranacionais.

Estados-membros de uma Federação e Municípios não podem ser caracterizados como soberanos, uma vez que atuam de acordo com um ordenamento jurídico criado fora de suas estruturas, obedecem a instâncias superiores pertencentes ao Estado Federal e não possuem uma representação internacional que autorize o exercício soberano de seus poderes.

A soberania de um Estado deve ser medida considerando-se simultaneamente o seu aspecto interno e externo. A soberania demanda que a vontade do Estado seja respeitada no cenário internacional e que essa vontade possa concretizar, no âmbito interno, as normas constitucionais.

Os atributos da unidade, da indivisibilidade e da inalienabilidade da soberania impedem o seu exercício de forma compartilhada. Por outro lado, os processos regionais de integração nos têm feito visualizar o desmembramento da soberania estatal, que passa a ser exercida, em caráter indivisível, tanto pelo Estado quanto pelo ente supranacional criado. No momento histórico atual, podemos constatar que a soberania está sendo exercida por outros entes que não exclusivamente os Estados. A União Europeia seria um exemplo desse fenômeno. Nesse caso, não haveria um compartilhamento da soberania entre o Estado e a União Europeia, mas um verdadeiro desmembramento dela. A soberania passa a ser exercida de modo indivisível no âmbito do Estado e também no âmbito da União Europeia.

A doutrina alemã é precisa ao distinguir o titular da soberania, ou seu portador, daquele que servirá de instrumento para o seu exercício. O príncipe, o povo ou outras pessoas previstas pelo ordenamento poderão ser enquadradas como titulares da soberania, mas a soberania será exercida por mecanismos previstos pelo próprio ordenamento jurídico.

A titularidade da soberania recairá sobre quem o ordenamento jurídico determinar e será exercida, via de regra, pelo Estado. Em uma democracia, no entanto, a titularidade da soberania merece residir no povo, o que facilita a sua relativização e legitimação.

O poder constituinte originário constitui manifesta expressão da soberania e, como tal, não é absoluto e possui limites ao seu exercício: limites transcendentes, imanentes e heterônomos.

O princípio da soberania deve ser interpretado de modo a assegurar a autodeterminação dos povos, mesmo devendo ser reconhecida a dificuldade de se definir com precisão o conceito de povo, e evitar que a intervenção se torne uma regra geral.

As menções ao princípio da soberania existentes na Constituição brasileira não devem ser tratadas como meros compromissos. Nesse contexto, a soberania deve receber a estatura de princípio constitucional, dotado de densidade normativa e de observância obrigatória.

A soberania pode ser tutelada pelo Poder Judiciário, que, também expressando a vontade soberana estatal, poderá anular o dispositivo normativo ou negócio jurídico que a violar. A tutela do Judiciário poderá se verificar tanto no caráter positivo quanto negativo da soberania. Os juízes deverão estar atentos ao modo como o Estado impõe seus poderes (caráter positivo) e, também, à maneira como os Estados recebem os comandos e imposições exteriores a ele (caráter negativo).

Somente havendo o exercício soberano dos poderes é que há de se falar em Estado Democrático de Direito no Brasil, uma vez que o art. 1º da Carta de 1988 estabelece um vínculo estreito entre o Estado Democrático de Direito e a soberania. Não há outra solução. Se a soberania não for assegurada, o Estado brasileiro deixa de ter um de seus fundamentos.

O conceito de soberania deve pressupor a concretização de normas constitucionais. Sem que um Estado possa dar efetividade às suas normas jurídicas, o exercício pleno de sua soberania fica afetado.

Com a finalidade de preservar sua soberania, o Estado apenas deverá, nas suas relações internacionais, *i)* praticar atos aceitos pelos súditos e que não lhes acarretem apenas malefícios, *ii)* celebrar unicamente atos que tenham como objetivo conferir efetividade às normas estatais e, por fim, *iii)* realizar atos estatais com fundamento em uma reciprocidade por identidade ou por equivalência.

Referendo, plebiscito e iniciativa popular são relevantes instrumentos para a identificação da vontade do povo e para o exercício da soberania popular. Com efeito, a soberania necessita ser legitimada em um clima democrático e propício à discussão pública, devendo, assim, ser criado um ambiente capaz de permitir a identificação das melhores escolhas a serem feitas e decisões a serem tomadas.

O poder soberano há de ser exercido com vistas a assegurar aos súditos o mínimo indispensável para a sua sobrevivência digna e deve ter como perene objetivo satisfazer os cidadãos com o máximo possível de prestações materiais.

As diferenças existentes entre um Estado vassalo ou um Protetorado e um Estado tido classicamente como soberano praticamente se apagam quando este último não é capaz de conferir efetividade às normas que cria. Além da autodeterminação estatal, a soberania precisa estar também vinculada ao elemento material, ao aspecto da efetividade das normas jurídicas criadas pelo Estado, sob pena de existir um conceito desprovido de uma finalidade maior.

A validade dos direitos humanos não mais se restringe às fronteiras do Estado-nação. Por outro lado, não é empreitada fácil alcançar, de forma legítima, sua tutela universal. A prova dessa dificuldade é que a celebração de pactos internacionais não tem sido eficaz para assegurar que os direitos humanos sejam protegidos mundialmente.

Uma vez que os Estados permaneçam como protagonistas encarregados de criar e impor os comandos normativos, a plenitude do exercício de suas soberanias deve ser almejada e

Conclusões

andar lado a lado com a preservação de interesses humanitários, especialmente os relacionados com os direitos humanos e o meio ambiente. A fragmentação estatal não pode desconsiderar que o planeta Terra é único e que nele habitam seres vivos que compartilham os mesmos recursos naturais esgotáveis.

O adequado exercício da soberania por parte dos Estados, ou por quem eventualmente os vier a substituir, deve ser capaz de viabilizar uma proteção mais efetiva do meio ambiente, pois, independentemente das crenças filosóficas que sejam adotadas e do antagonismo existente entre nacionalismo e universalismo, uma coisa é certa: todos os seres vivos precisam do meio ambiente para sobreviver e todos têm a obrigação moral de o preservar. O que não significa que a vontade estatal deva ser, em matéria ambiental, substituída pela vontade internacional, mas que o Estado deve voltar sua atenção para a proteção do meio ambiente, a fim de que sua soberania possa ser legitimada internacionalmente.

Ainda que o cenário internacional nos faça imaginar como impraticável e impensável a preservação de uma paz perpétua na Terra, o exercício da soberania de maneira razoável, legitimada democraticamente, com respeito à autodeterminação dos povos e com vistas a conferir efetividade aos anseios da comunidade estatal e a fazer surgir uma situação generalizada de dignidade poderá convolar essa impossibilidade em um sonho alcançável. Ou, ao menos, poderá erigir os caminhos para que a paz seja duradoura.

BIBLIOGRAFIA

ACCIOLI, Wilson. *Instituições de direito constitucional.* Rio de Janeiro: Editora Forense, 1978.

ACCIOLY, Hildebrando. *Manual de direito internacional público.* 11ª ed. São Paulo: Editora Saraiva, 1995.

ALBUQUERQUE, Newton de Menezes. *Teoria política da soberania.* Belo Horizonte: Editora Mandamentos, 2001.

ALEXY, Robert. *Teoria de los derechos fundamentales.* Tradução de Ernesto Garzón Valdés. Madri: Centro de Estúdios Constitucionales, 1993.

_____. *Colisão e ponderação como problema fundamental da dogmática dos direitos fundamentais.* Palestra Proferida na Fundação Casa de Rui Barbosa, Rio de Janeiro, 11 dez. 1998.

ANTUNES, Paulo de Bessa. *Direito ambiental.* Rio de Janeiro: Lumen Juris, 1996.

ARAÚJO, Valter Shuenquener de. Hierarquização axiológica de princípios. Relativização do princípio da dignidade da pessoa e o postulado da preservação do contrato social. *Revista de Direito da Procuradoria-Geral do Estado do Rio de Janeiro*, Rio de Janeiro, v. 55, p. 82-100, 2002.

ARISTÓTELES. *Arte retórica e arte poética.* Rio de Janeiro: Edições de Ouro.

ARNAUD, André-Jean; MELLO, Celso Duvivier de Albuquerque (Coord.). Da regulação pelo direito na era da globalização. In: *Anuário*

Direito e Globalização. A soberania. Rio de Janeiro: Editora Renovar, 1999.

ASSIS, Machado de. História de quinze dias. Disponível em: <http://www.cce.ufsc.br/~nupill/literatura/quinze.html.>. Acesso em: 17 mar. 2003.

AZAMBUJA, Darcy. Teoria geral do estado. 4ª ed. Porto Alegre: Globo, 1959.

BADIE, Bertrand. Un monde sans souveraineté. Les états entre ruse et responsabilité. Paris: Editora Fayard, 1999.

BARBI, Celso Agrícola. Mandado de injunção. *Revista dos Tribunais*, São Paulo, ano 77, v. 637, p. 7-12, nov. 1988.

BARBOSA, Ana Paula Costa. *A legitimação dos princípios constitucionais fundamentais*, Dissertação (Mestrado em Direito Público) – Faculdade de Direito, UERJ, 2000.

BARCELLOS, Ana Paula de. *A eficácia jurídica dos princípios constitucionais. O princípio da dignidade da pessoa humana*. Rio de Janeiro: Renovar, 2002.

_____; TORRES, Ricardo Lobo (Org.). O mínimo existencial e algumas fundamentações: John Rawls, Michael Walzer e Robert Alexy. In: *Legitimação dos direitos humanos*. Rio de Janeiro: Renovar, 2002, p. 11-49.

BARRETO, Vicente. O conceito moderno de cidadania. *Revista de Direito Administrativo*, Editora Renovar, Rio de Janeiro, n. 192, p. 29-37, abr./jun. 1993.

_____; TORRES, Ricardo Lobo (Org.). Ética e direitos humanos: aporias preliminares. In: *legitimação dos direitos humanos*. Rio de Janeiro: Renovar, 2002, p. 499-530.

BARROSO, Luís Roberto. Fundamentos teóricos e filosóficos do novo direito constitucional brasileiro (pós-modernidade, teoria crítica e pós-positivismo). *Revista de Direito da Procuradoria-Geral do Estado do Rio de Janeiro*, Rio de Janeiro, n. 54, p. 47-78, 2001.

_____. A proteção do meio ambiente na constituição brasileira. *Revista de Direito da Procuradoria-Geral do Estado do Rio de Janeiro*, Rio de Janeiro, n. 44, p. 41-75, 1992.

_____. O mandado de injunção como novo remédio jurídico constitucional. *Revista de Direito da Procuradoria-Geral do Estado do Rio de Janeiro*, Rio de Janeiro, n. 43, p. 100-108, 1991.

_____. *Interpretação e aplicação da Constituição*. 3ª ed. rev. e atual. São Paulo: Editora Saraiva, 1999.

_____. A crise econômica e o direito constitucional, *Revista Forense*, Rio de Janeiro, ano 89, nº 323, p. 83-104, jul./set. 1993.

_____. *O direito constitucional e a efetividade de suas normas. Limites e possibilidades da Constituição*. 2ª ed. Rio de Janeiro: Editora Renovar, 1993.

BASTOS, Celso Ribeiro. *Curso de direito constitucional*. 11ª ed., reformulada de acordo com a Constituição Federal de 1988. São Paulo: Saraiva, 1989.

BATISTA, Henrique Gomes. Brasil assina um tratado a cada dia. *Valor Econômico*, São Paulo, 11 jul. 2002.

BERMUDES, Sérgio. O mandado de injunção. *Revista dos Tribunais*, São Paulo, ano 78, v. 642, p. 21-25, abr. 1989.

BINENBOJM, Gustavo; TORRES, Ricardo Lobo (Org.). Direitos humanos e justiça social: as ideias de liberdade e igualdade no final do século XX. In: *Legitimação dos direitos humanos*. Rio de Janeiro: Renovar, 2002, p. 223-250.

BOBBIO, Norberto. *Teoria do ordenamento jurídico*. Tradução Maria Celeste Cordeiro Leite dos Santos. 5ª ed. Brasília: Editora UnB, 1994.

_____. *Thomas Hobbes*. 2ª reimp. Rio de Janeiro: Campus, 1991.

_____. *Direito e estado no pensamento de Emanuel Kant*. 4ª ed. Brasília: Editora UnB, 1997.

_____. *A era dos direitos*. Rio de Janeiro: Editora Campus, 1992.

BODIN, Jean. *Dos seis livros da república*. Disponível em: <http://www.constitution.org/bodin/bodin_.htm>. Acesso em: 20 dez. 2001.

BONAVIDES, Paulo. *Curso de direito constitucional*. 10ª ed. rev., atual. e ampl. São Paulo: Editora Malheiros, 2000.

_____; LITRENTO, Oliveiros (Coord.). A Questão da Amazônia. In: *Perspectivas atuais do direito*. Rio de Janeiro: Forense Universitária, 1994, p. 65-69.

_____. *Política e Constituição. Os caminhos da democracia*. Rio de Janeiro: Editora Forense, 1985.

CAMARGO, Sonia de. Governança global: utopia, desafio ou armadilha? In: *Governança global. Reorganização da política em todos os níveis de ação*. São Paulo: Ed. Konrad Adenauer, 1999.

CANOTILHO, J. J. Gomes. *Direito constitucional e teoria da Constituição*. 5ª ed. Coimbra: Editora Livraria Almedina.

CAMPILONGO, Celso Fernandes. *Direito e democracia*. São Paulo: Max Limonad, 1997.

CARRAZA, Roque Antônio. *Curso de direito constitucional tributário*. 2ª ed. São Paulo: Editora Revista dos Tribunais, 1991.

CARRÉ DE MALBERG, Raymond. *Teoría general del estado*. México: Fondo de Cultura Económica, 1948.

CHEVALLIER, Jean-Jacques. *Los grandes textos politicos desde Maquiavelo a nuestros días*. Madri: Editora Aguilar, 1965.

CUNHA, Fernando Whitaker da. *Teoria geral do estado (introdução ao direito constitucional). De acordo com a Constituição de 1988*. 1ª ed. Rio de Janeiro: Freitas Bastos, 1990.

DINH, Nguyen Quoc; DAILLIER, Patrick; PELLET, Allain. *Direito internacional público*. 4ª ed. Lisboa: Editora Fundação Calouste Gulbenkian, 1999.

DOLINGER, Jacob. Terrorismo do estado no século XX – lições para o século XXI. *Revista CEJ*. Brasília, Conselho da Justiça Federal, v. n. 18, ano VI, p. 67-73, set. 2002.

DUGUIT, Leon. *Os elementos do estado*. Lisboa: Editorial Inquérito, 1939.

DWORKIN, Ronald. *Taking rights seriously*. Cambridge: Harvard University Press, 1978.

ESCOLAR, Marcelo. Mediação geográfica de territórios estatais. In: *O novo mapa do mundo. Fim de século e globalização*. SANTOS, Milton (Org.), SOUZA, Maria Adélia A. de (Org.), SCARLATO, Francisco

Capuano (Org.) e ARROYO, Mônica (Org.). 3ª ed. São Paulo: Editora Hucitec, 1997.

FAORO, Raymundo. *Assembleia constituinte – A legitimidade recuperada*. São Paulo: Editora Brasiliense, 1981.

FERRAJOLI, Luigi. *A soberania no mundo moderno*. São Paulo: Rio de Janeiro: Editora Martins Fontes, 2002.

FERREIRA FILHO, Manoel Gonçalves. *Curso de direito constitucional*, 18ª ed. São Paulo: Saraiva.

FORST, Rainer. Das grundlegende recht auf rechtfertigung. Zu einer konstrutivistischen konzeption von menschenrechten. In: *Recht auf menschenrechte. Menschenrechte, demokratie und internationale politik.* Frankfurt am Main: Editora Suhrkamp, 1999, p. 66-105.

FURTADO prevê fim do Estado em uma década. Socialistas internacionais abrem debate no Rio. *Jornal do Commercio*, 3 ago. 2001. Economia, p. A-6.

GALDINO, Flávio; TORRES, Ricardo Lobo (Org.). O custo dos direitos. In: *Legitimação dos direitos humanos*. Rio de Janeiro: Renovar, 2002, p. 139-222.

GALLOTTI, José do Patrocínio. *A soberania nacional e as liberdades*, Tese (Concurso de Professor Catedrático de Teoria Geral do Estado) – Faculdade de Direito de Santa Catarina, 1955.

GARCIA-AMADOR, F. V.. Latin american law. In: *Sovereignty within the law*. Editora Stevens & Sons Limited, 1965, p. 123-140.

GARCÍA DE ENTERRIA, Eduardo. *Curso de derecho administrativo*. Editora Civitas. v. 1.

GARCÍA-PELAYO, Manuel. *Derecho constitucional comparado*. Madrid: Alianza editorial, 1984.

GOLDSMITH, M. M. *The Cambridge Companion to Hobbes*. SORELL, Tom (Org.). Cambridge: University Press.

GOMES, Luiz Flávio. Anotações sobre o mandado de injunção. *Revista dos Tribunais*, São Paulo, ano 78, v. 647, p. 39-44, set. 1989.

HÄBERLE, Peter. *Hermenêutica Constitucional. A sociedade aberta dos intérpretes da Constituição: contribuição para a interpretação pluralista e "procedimental" da Constituição*. Tradução de Gilmar Ferreira Mendes. Porto Alegre: Sergio Antonio Fabris Editor, 1997.

HABERMAS, Jürgen. Der interkulturelle diskurs über menschenrechte. In: *Recht auf menschenrechte. Menschenrechte, demokratie und internationale politik*. Frankfurt am Main: Editora Suhrkamp, 1999, p. 216-227.

_____. *Faktizität und geltung. Beiträge zur diskurstheorie des rechts und des demokratischen rechtsstaats*. Frankfurt am Main: Suhrkamp, 1992.

_____. The european nation state – its achievements and its limits on the past and future of sovereignty and citizenship. In: *Challenges to law at the end of the 20th century*. 17th IVR World Congress. Bologna. Editora Clue B, 1995, p. 27-36.

HAURIOU, Maurice. *Principios de derecho público y constitucional*. Madrid: Editorial Reus, 1927.

HELLER, Hermann. *Die souveranität. Ein beitrag zur theorie des staats und völkerrechts*. Berlim e Leipzig: Walter de Gruyter & Co., 1927.

_____. *Teoría del estado*. Versão espanhola de Luis Tobío. 5ª ed. em espanhol. México: Fondo de Cultura Econômica, 1963.

HESSE, Konrad. *A força normativa da Constituição*. Tradução de Gilmar Ferreira Mendes. Porto Alegre: Sergio Antonio Fabris Editor, 1991.

HOLSTEIN, Günther. *Historia de la filosofia política*. Segunda edición. Madrid: Instituto de Estudos Políticos, 1953.

IANNI, Octavio; SANTOS, Milton (Org.); SOUZA, Maria Adélia A. de (Org.); SCARLATO, Francisco Capuano (Org.); ARROYO, Mônica (Org.). Nação e globalização. In: *O novo mapa do mundo. Fim de século e globalização*. 3ª ed. São Paulo: Editora Hucitec, 1997, p. 66-74.

JELLINEK, Georg. *Teoría general del estado*. Buenos Aires: Editora Albatros, 1970.

JUNQUEIRA, Eliane Botelho; VIEIRA, José Ribas; FONSECA, Maria Guadalupe Piragibe da. *Juízes: retrato em preto e branco*. Rio de Janeiro: Editora Letra Capital, 1997.

BIBLIOGRAFIA

KANT, Immanuel. *Princípios metafísicos del derecho.* Buenos Aires: Editorial Americalee, 1943.

KELSEN, Hans. *Das problem der souveranität und die theorie des völkerrechts. Beitrag zu einer reinen rechtslehre.* Reinheim: Scientia Aalen, 1960.

_____. *Teoria geral do direito e do estado.* 3ª ed. 2ª tir. São Paulo: Martins Fontes, 2000.

_____. *Derecho y paz en las relaciones internacionales.* México: Fondo de Cultura Economica, 1943.

_____; CAMPAGNOLO, Umberto; LOSANO, Mario G. (Org.). *Direito internacional e estado soberano.* São Paulo: Editora Martins Fontes, 2002.

KÖHLER, Wolfgang R. Das recht auf menschenrechte. In: *Recht auf menschenrechte menschenrechte, demokratie und internationale politik.* Frankfurt am Main: Editora Suhrkamp, 1999, p. 106-124.

LASKI, Harold J. *El problema de la soberanía.* Buenos Aires: Ediciones Siglo Veinte, 1947.

LITRENTO, Oliveiros. *Manual de direito internacional público.* 2ª ed. Rio de Janeiro: Editora Forense, 1979.

_____. *O princípio da autodeterminação dos povos. Síntese da soberania e o homem.* Rio de Janeiro: Livraria Freitas Bastos S.A., 1964.

LOEWENSTEIN, Karl. *Teoría de la constitución.* Barcelona: Editorial Ariel, 1986.

LOHBAUER, Christian. *Governança global. Governança global: regras para ordenar um mundo anárquico.* n. 16. São Paulo: Konrad Adenauer Stiftung, 1999, p. 41-56.

MATTOS, Adherbal Meira. *Direito, soberania e meio ambiente.* Rio de Janeiro: Editora Destaque, 2001.

MCCLELLAND, J. S. *A History of western political thought.* Londres: Editora Routledge, 1998.

MELLO, Celso Duvivier de Albuquerque. A soberania através da história. In: *Anuário Direito e Globalização. A soberania.* Rio de Janeiro: Editora Renovar, 1999, p. 7-22.

_____. *Curso de direito internacional público*. 12ª ed. rev. e ampl. Rio de Janeiro: Renovar, 2000. v. 1 e 2.

_____. *Direito constitucional internacional*. Rio de Janeiro: Renovar, 1994.

_____. *Direito Internacional Econômico*. Rio de Janeiro: Renovar, 1993.

_____. *Direitos humanos e conflitos armados*. Rio de Janeiro: Renovar, 1997.

MIRANDA, Jorge. *Teoria do estado e da Constituição*. Rio de Janeiro: Editora Forense, 2002.

MIRANDA, Pontes de. *Comentários à Constituição de 1946*. Tomo VIII. Suplemento 1. Rio de Janeiro: Borsoi, 1962.

MORAES, Alexandre de. *Direito constitucional*. 7ª ed. São Paulo: Editora Atlas.

MOREIRA NETO, Diogo de Figueiredo. Globalização, regionalização, reforma do estado e da Constituição. *Revista de Direito Administrativo*, Rio de Janeiro, v. 211, p. 1-20, jan./mar. 1998.

MOULIN, Gustavo; TORRES, Ricardo Lobo (Org.). A cidadania jurídica e a concretização da justiça. In: *Legitimação dos direitos humanos*. Rio de Janeiro: Renovar, 2002, p. 251-313.

MÜLLER, Friedrich. *Rechtsstaatliche form, demokratische politikbeitrage zu offentlichen recht, methodik, rechts-und staatstheorie*. Berlim, 1977.

_____. A questão central da democracia: quem é o povo? In: *XVI Conferência Nacional de Advogados. Livro de Teses. Tema 1. As Transformações da Sociedade e do Estado*. Editado pelo Conselho Federal da OAB, 1996.

NETO, Cláudio Pereira de Souza. *Jurisdição constitucional, democracia e racionalidade prática*. Biblioteca de Teses. Rio de Janeiro: Editora Renovar, 2002.

NEVES, Carlos Augusto Santos. Governança global: regras para ordenar um mundo anárquico. In: *Governança global*. n. 16. São Paulo: Konrad Adenauer Stiftung, 1999.

NINO, Carlos Santiago. *Fundamentos de derecho constitucional. Análisis filosófico, jurídico y politológico de la práctica constitucional.* Buenos Aires: Editorial Astrea de Alfredo y Ricardo Depalma, 1992.

PAUPÉRIO, Arthur Machado. *Teoria democrática do poder. Teoria democrática do estado.* 3ª ed. revista. Rio de Janeiro: Editora Forense Universitária, 1997. v. 1.

_____. *Teoria democrática do poder. Teoria democrática da soberania.* 3ª ed. rev. Rio de Janeiro: Editora Forense Universitária, 1997. v. 2.

PENA de Morte é abolida na Turquia. *O Globo*, Rio de Janeiro, 4 ago. 2002. Caderno Economia, p. 37.

PEREIRA, Ana Cristina Paulo; MELLO, Celso Duvivier de Albuquerque (Coord.). Organização Mundial do Comércio: uma ameaça à soberania estatal? In: *Anuário Direito e Globalização. A soberania.* Rio de Janeiro: Rio de Janeiro: Renovar, 1999.

PERELMAN, Chaim. *Ética e direito.* Tradução de Maria Ermantina Galvão G. Pereira. São Paulo: Editora Martins Fontes, 1996.

PIOVESAN, Flávia. *Direitos humanos e o direito constitucional internacional.* 2ª ed. São Paulo: Editora Max Limonad, 1997.

_____. Dialogando sobre direitos humanos. In: *Cadernos de Direito e Cidadania I.* São Paulo: Artchip Editora, novembro de 1999, p. 137-142.

_____. *Proteção judicial contra omissões legislativas. Ação direta de inconstitucionalidade por omissão e mandado de injunção.* São Paulo: Revista dos Tribunais, 1995.

_____; SUNDFELD, Carlos Ari (Coord.); VIEIRA, Oscar Vilhena (Coord.). Direitos humanos e globalização. In: *Direito global.* São Paulo: Editora Max Limonad, p. 195-208.

PIRES, Francisco Lucas. *Introdução ao direito constitucional europeu (seu sentido, problemas e limites).* Coimbra: Livraria Almedina, 1997.

PORFÍRIO JÚNIOR, Nelson de Freitas. Alguns aspectos jurídicos da dívida externa. *Revista da AJUFESP.* São Paulo, edição n. 5, ano II, p. 57-67, mai. 2002.

PORTO, Manuel. Fugir da globalização. *Revista da Emarf da 2ª Região*, Rio de Janeiro, Editora América Jurídica, v. 5, p. 219-230, set. 2002.

RAWLS, John. *Justiça e democracia*. São Paulo: Editora Martins Fontes, 2000.

_____; LASLETT, Peter (Org.); RUNCIMAN, W. G. (Org.). Justice as fairness. In: *Philosophy, politics and society (Second Series)*. Grã-Bretanha: Basil Blackwell, 1962.

_____. *O direito dos povos*. São Paulo: Martins Fontes, 2001.

REALE, Miguel. *Teoria do direito e do estado*. 4ª ed. São Paulo: Saraiva, 1984.

REBECQUE, Henri Benjamin Constant de. *Princípios políticos constitucionais*. Rio de Janeiro: Editora Liber Juris.

REDOR, Marie-Joëlle. *De l'etat legal a l'etat de droit. l'evolution des conceptions de la doctrine publiciste française. 1879-1914*. Aix-en-Provence: Presses Universitaires d'Aix-Marseille.

REINICKE, Wolfgang H.. Governança em um mundo pós-interdependente a caminho de uma política global. In: *Governança global*, n. 16. São Paulo: Konrad Adenauer Stiftung, 1999, p. 15-40.

REIS, Márcio Monteiro. *Mercosul, união Europeia e Constituição. A integração dos estados e os ordenamentos jurídicos nacionais*. Biblioteca de Teses. Rio de Janeiro: Editora Renovar, 2001.

RODRIGUES, Maurício Andreiuolo. *Poder constituinte supranacional. Esse novo personagem*. Porto Alegre: Sergio Antonio Fabris Editor, 2000.

_____. Os tratados internacionais de proteção dos direitos humanos e a Constituição. In: *Teoria dos direitos fundamentais*. 2ª ed. Rio de Janeiro: Editora Renovar, 2001, p. 157-195.

ROSENN, Keith S. The success of constitutionalism in the United States and its failure in Latin America: an explanation. *The University of Miami Inter-American Law Review*, Miami, v. 22, n. 1, 1990.

ROSS, Alf; LARSON, Arthur (Coord.); JENKS, C. Wilfred (Coord.) e Outros. Scandinavian law. In: *Sovereignty within the law*. Editora Stevens & Sons Limited, 1965, p. 107-122.

ROUSSEAU, Jean-Jacques. *O contrato social. Princípios de direito político*. Tradução de Antônio de P. Machado. Rio de Janeiro: Ediouro.

SALDANHA, Nelson. *Filosofia do direito*. Rio de Janeiro: Editora Renovar, 1998.

SARLET, Ingo Wolfgang. Os direitos fundamentais sociais na Constituição de 1988. In: *O direito público em tempos de crise. Estudos em homenagem a Ruy Ruben Ruschel*, p. 129-173.

SARMENTO, Daniel. *A ponderação de interesses na Constituição Federal*. Rio de Janeiro: Editora Lumen Juris, 2000.

_____. Constituição e globalização: A crise dos paradigmas do direito constitucional. In: *Anuário Direito e Globalização. A soberania*. Rio de Janeiro: Editora Renovar, 1999, p. 53-70.

SCHOPENHAUER, Artur. *O livre arbítrio*. Tradução de Lohengrin de Oliveira. Rio de Janeiro: Ediouro.

SENARCLENS, Pierre de. *Mondialisation, souveraineté et théories des relations internationales*. Paris: Editora Armand Colin, 1998.

SGARBI, Adrian. *O referendo*. Biblioteca de Teses. Rio de Janeiro: Editora Renovar, 1999.

SILVA, José Afonso da. *Direito ambiental constitucional*. 4ª ed. rev. e atual. São Paulo: Malheiros, 2002.

SMITH, Anthony D. *Nations and nationalism in a global era*. Cambridge: Polity Press, 1998.

SUNDFELD, Carlos Ari. Mandado de injunção. *Revista de Direito Público*, São Paulo, n. 94, ano 23, Revista dos Tribunais, p. 146-151, abr.-jun. 1990.

STEIGER, Heinhard. Brauchen wir eine universale theorie für eine völkerrechtliche positivierung der menschenerechte? In: *Recht auf menschenrechte. menschenrechte, demokratie und internationale politik*. Frankfurt am Main: Editora Suhrkamp, 1999, p. 41-51.

STRECK, Lenio Luiz; MORAIS, José Luís Bolzan de. *Ciência política e teoria geral do estado*. 2ª ed. rev. e ampl. Porto Alegre: Livraria do Advogado, 2001.

TORRES, Ricardo Lobo. A legitimação dos direitos humanos e os princípios da ponderação e da razoabilidade. In: *Legitimação dos direitos humanos.* Rio de Janeiro: Editora Renovar, 2002, p. 397-449.

_____. A cidadania multidimensional na era dos direitos. In: *Teoria dos fundamentais.* 2ª ed. Rio de Janeiro: Editora Renovar. 2001, p. 243-342.

_____. *Tratado de direito constitucional, financeiro e tributário*. Rio de Janeiro: Editora Renovar, 2000. v. V.

TORRES, Silvia Faber. *O princípio da subsidiariedade no direito público contemporâneo.* Rio de Janeiro: Editora Renovar, 2001.

TRÊS, Celso Antônio. A soberania do povo na fiscalização do exercício de sua soberania. *Boletim dos Procuradores da República,* ano IV, n. 39, Editora Artchip, p. 3-4, jul. 2001.

VERDROSS, Alfred. *Derecho internacional publico*. 4ª ed. Madrid: Editora Aguilar, 1963.

VIEHWEG, Theodor. Tópica e jurisprudência. In: *Coleção Pensamento Jurídico Contemporâneo.* Brasília: Ministério da Justiça-Universidade de Brasília, 1979.

VIEIRA, José Ribas. *O autoritarismo e a ordem constitucional no Brasil.* Rio de Janeiro: Editora Renovar, 1988.

VIGEVANI, Tullo. Obstáculos e possibilidades para a governabilidade global. In: *Governança global,* n. 16. Frankfurt am Main: Konrad Adenauer Stiftung, 1999.

WALZER, Michael. *On toleration.* New Haven: Yale University Press, 1997.

_____. *Thick and thin. Moral argument at home and abroad.* Londres: University of Notre Dame Press, 1994.

ZIMMERMANN, Augusto. *Teoria geral do federalismo democrático.* Rio de Janeiro: Editora Lumen Juris, 1999.

ZIPPELIUS, Reinhold. *Teoria geral do estado.* 3ª ed. Lisboa: Fundação Calouste Gulbenkian, 1997.

ANOTAÇÕES

Editora Impetus

Rua Alexandre Moura, 51
24210-200 – Gragoatá – Niterói – RJ
Telefax: (21) 2621-7007
www.impetus.com.br

Esta obra foi impressa em papel offset 75 grs/m²